新訂

銀行取引「念書」書式集

預金取引、為替、融資、債権回収まで「念書」書式集

法学博士
大平　正

F3C 金融ブックス

はしがき

　最近の銀行実務に大きな改革をせまる法令の成立・改正が目白押しとなっている。

　その主なものを挙げれば「和議法の廃止と民事再生法の成立」「商法・商法特例法の改正」「会社更生法の改正」「担保物権及び民事執行制度の改善のための民法等の一部を改正する法律の成立」「破産法の全面改正」「不動産登記法の全面改正」さらに「個人信用情報保護法の成立」「（個人保証人保護のための）民法の一部を改正する法律」などである。

　そのほか，金融庁より「リレバンの機能強化に関するアクションプログラム」や保証に関する説明態勢の強化のために「与信取引（貸付契約及びこれに伴う担保・保証契約）に関する顧客への説明態勢及び苦情処理機能の態勢強化のための事務ガイドライン」が公表されている。

　従来は，全国銀行協会を中心として定型的大量取引に適応すべく，約款や制定用紙も「ひな型」として公表し，各銀行はそれに基づき銀行実務に対応してきた。

　しかし，最近になり，銀行取引の中核を形成する「銀行取引約定書」も，銀行間の横並びを助長するおそれがあるとの指摘から，全国銀行協会では平成12年4月18日より「ひな型」の公表を廃止した。

　このような金融環境から各行が自己責任で作成する「念書」「契約書」が今後ますます重要性を加えることになり，銀行に一方的に有利な内容で無効であるなどと主張されないような公正，妥当な「念書」「契約書」を作成することが極めて重要になってきた。

そのための参考例として本書を刊行することとしたものである。

なお，本書においては，金融機関を総称する用語として原則として「銀行」という言葉を使用した。したがって，信用金庫，労働金庫，信用組合，農協，漁協，政府系金融機関などすべての金融機関を対象としているので，適宜読み替えていただきたい。

2005年1月

名誉法学博士（米国），Ph. D. in Law
大　平　　　正

新訂　はしがき

本書初版を発行後も、我が国をめぐる経済環境が急激に変化してきており、これに対応するために民事法の大改正が引き続き行われている。

すなわち「会社法」平成17年法律第86号や包括根保証の廃止をはじめとする保証についての民法の一部を改正する法律が銀行の保証取引実務に大きな影響を与えている。

そのほか、今回の債権法を中心とする民法の一部改正（平成29年5月26日成立）や動産担保の新しい対抗要件具備制度を導入した民法改正、そのほか民事執行法の一部改正などが次々に行われている。

そこで、今回の改訂にあたっては、すべて厳密に見直し、アップツウデートのものにした。銀行実務では、自主的に「念書」や「約定書」を作成する機会が今後ますます多くなることが予想されるので、本書を大いに参考されるよう期待している次第である。

2017年7月

法学博士、名誉法学博士、名誉経済学博士
大　平　　　正

も く じ

第1章　銀行取引一般　取引の相手方の変更

 1　念書はなぜ必要か ………………………………………… 18
  1　念書はどのような場合に必要となるか ………………… 18
  2　念書の法律的位置付けと効果 …………………………… 18
  3　念書に盛込む内容と注意点 ……………………………… 18
 2　制限能力者との取引の注意点 …………………………… 21
  1　民法による制限能力者 …………………………………… 21
  2　「精神的な障害による事理弁識能力」と
   「準禁治産宣告を受けた者」…………………………… 22
   【書式1－1】　成年後見制度に関する届出書（例）…… 23
   【書式1－2】　成年後見制度に関する届出書（例）…… 24
  3　成年被後見人との取引方法 ……………………………… 26
  4　被保佐人との取引 ………………………………………… 26
   【書式2】　成年被後見人取消用の同意書 ……………… 27
   【書式3】　同意書（保佐人から徴求するもの）………… 28
   【書式4】　保佐人の同意書 ……………………………… 29
 3　被補助人との取引 ………………………………………… 30
 4　未成年者との取引 ………………………………………… 30
   【書式5】　同意書（補助人から徴求するもの）………… 31
   【書式6】　未成年者との取引用念書 …………………… 32
   【書式7】　未成年者営業用念書 ………………………… 33

【書式8】　代理人届（未成年者の代理人と取引する場合）… 34
　　＜未成年者との取引後，同意を得ていないことが
　　判明した場合＞ ……………………………………………… 35
　　　【書式9】　制限能力者に対する追認の催告書 ………… 36
　　　【書式10】　法定代理人の追認書 ……………………… 37
　　　【書式11】　本人の追認書 ……………………………… 37

5　「任意後見制度」の適用を受ける者との取引 ……… 38

6　民法改正前の禁治産者、準禁治産者で新制度に
　　移行しなかった者との取引 …………………………… 39

7　法人との取引と念書 ……………………………………… 40
　1　会社の登記上の住所と実際の本店所在地が
　　異なっている場合 …………………………………… 40
　　　【書式12】　住所に関する届出書 ……………………… 41
　2　持分会社の自己取引 ……………………………… 41
　　　【書式13】　自己取引の同意書 ………………………… 42

8　代表者の死亡と念書 ……………………………………… 43
　1　法人の代表者が死亡した場合 ……………………… 43
　2　取締役が3名で、そのうち1人が死亡した場合 ……… 43
　　　【書式14】　新代表者選任用念書 ……………………… 45
　　　【書式15】　職務代行者選任用念書 …………………… 47
　　　【書式16】　代表者追認用念書 ………………………… 48

9　代表者追加・役名変更の念書 ………………………… 49
　　　【書式17】　代表者追加届 ……………………………… 49
　　　【書式18】　役名変更届 ………………………………… 50
　　　【書式19】　代表者交替用念書 ………………………… 51
　　　【書式20】　代表者廃止用念書 ………………………… 52

10　代理人との取引と念書 ………………………………… 53
　　　　【書式21】　代理人届用念書 ……………………………… 54
　　　　【書式22】　支配人選任届 ………………………………… 55

第2章　預金取引と念書の取扱い

　　1　便宜支払いと免責約款 ………………………………… 58
　　　1　念書が必要となる場合 ………………………………… 58
　　　　【書式23】　無通帳取扱用念書 …………………………… 59
　　　　【書式24】　無印章扱用念書 ……………………………… 61
　　　　【書式25】　便宜取扱後の喪失用念書 …………………… 63
　　　　【書式26】　災害罹災者用念書 …………………………… 64
　　　2　便宜支払いの注意点 …………………………………… 66
　　　　(1)　銀行のリスク ……………………………………… 66
　　　　(2)　真実の預金者 ……………………………………… 66
　　2　真実の預金者の認定と念書の取扱い ………………… 67
　　　　【書式27】　第三者名義払戻用念書 ……………………… 68
　　　　【書式28】　第三者に払戻す場合の「念書」…………… 69
　　　　【書式29】　第三者受益用念書 …………………………… 70
　　3　その他の特殊取引と念書 ……………………………… 71
　　　1　連名預金の念書 ………………………………………… 71
　　　　【書式30】　連名預金用念書 ……………………………… 71
　　　　【書式31】　代理人届（共同代表の場合）……………… 73
　　4　取引先の変動と念書 …………………………………… 74
　　　1　合併があった時の念書 ………………………………… 74
　　　　【書式32】　合併異議申立書 ……………………………… 76
　　　　【書式33】　吸収合併用念書 ……………………………… 77

		【書式34】	新設合併用念書	78
		【書式35】	振込金処理用念書	79
	2	法人成り（手形・小切手用紙継続使用の場合）		80
	3	会社が「組織変更」した場合の念書		80
		【書式36】	手形・小切手用紙継続使用の念書	81
		【書式37】	株式会社への変更用念書	82
		【書式38】	合資会社への変更用念書	84
	4	会社の解散と預金取引の念書		85
		【書式39】	清算後支払用念書	86
	5	取引承継（新会社への預金取引の継続）		87
		【書式40】	取引承継用念書	87
	6	法人成り後に振込みがあった場合		89
		【書式41】	振込金処理用念書	89
	7	合併による存続会社と取引がある場合		91
		【書式42】	会社合併用念書	91
5	便宜扱いと念書			93
	＜無通帳払戻し・定期預金の中途解約など＞			93
		【書式43】	払戻依頼書（無通帳扱用）	94
		【書式44】	便宜扱い後に通帳を喪失した場合の念書	95
		【書式45】	中途解約用依頼書	96
6	預金債権の譲渡と念書の取扱い			97
	1	預金債権の譲渡とは		97
	2	譲渡の手続		97
		【書式46】	預金債権譲渡承諾依頼書	99
		【書式47】	定期積金譲渡承諾依頼書	100
		【書式48】	当座預金譲渡用取消届	102

⑦	預金債権の差押・転付時の念書	103
1	当座預金に対する差押・転付命令とその効力	103
	【書式49】 差押・転付当座預金用承諾書	103
⑧	預金者の死亡と相続の念書	105
1	当座勘定取引先の死亡と法務	105
2	一般預金者の死亡と預金契約	106
3	口座振替契約	106
	【書式50】 相続届（協議分割用）	107
	【書式51】 相続届（分割協議前・協議がととのわない場合）	109
	【書式52】 葬儀費用支払用念書	111
	【書式53】 支払依頼書（小切手・手形用）	113
	【書式54】 念書（口座振替用）	114
⑨	融資先の死亡と相続の場合の念書	115
	＜相続届・債務引受の念書＞	115
	【書式55】 相続届（証書貸付の場合）	116
	【書式56】 免責的債務引受用念書	117
	【書式57】 解約通知書	118

第3章　手形・小切手取引と念書の取扱い

①	手形・小切手の事故届	120
②	支払委託の取消	121
③	自己宛小切手（預金小切手）の場合	122
	【書式58】 手形・小切手事故届	123
	【書式59】 未使用手形・小切手用紙喪失届	124
	【書式60】 自己宛小切手用紙の喪失届	125
	【書式61】 自己宛小切手受取証	126

|4| 依頼の念書例 ……………………………………………… 127
　【書式62】　先日付小切手用念書 ……………… 127
　【書式63】　商号相違手形引落用念書 ………… 128
　【書式64】　旧商号用支払依頼書 ……………… 129

|5| 印鑑届と念書 ……………………………………………… 130
　【書式65】　改印後の支払い用念書 …………… 132
　【書式66】　社印使用届 ………………………… 133
　【書式67】　副印使用の場合の念書 …………… 134
　【書式68】　記名判変更用の念書 ……………… 135

|6| 遡　求 ……………………………………………………… 136
　【書式69】　遡求通知書（償還請求通知書） … 137

第4章　為替取引と念書の取扱い

|1| 為替の種類 ……………………………………………… 140
|2| 振　込 ……………………………………………………… 141
　【書式70】　組戻依頼書（普通振込用） ……… 142
　【書式71】　組戻依頼書（送金・振込用） …… 144
　【書式72】　振込組戻受領証 …………………… 145
　【書式73】　送金・振込組戻代り金受領証 …… 146
　【書式74】　名義相違用の念書 ………………… 147

|3| 送金と念書の取扱い ……………………………………… 148
　1　普通送金と念書 ……………………………………… 148
　【書式75】　組戻依頼書（送金小切手用） …… 149
　2　電信送金と念書 ……………………………………… 150
　【書式76】　電信送金組戻依頼書 ……………… 151

|4| 国庫送金と念書の取扱い ………………………………… 152

|　　　　　　【書式77】　国庫金送金通知書喪失届 ………………………… 152
5　代金取立 ……………………………………………………………… 154
　　　　　　【書式78】　代金取立手形組戻依頼書 …………………… 154
　　　　　　【書式79】　通知書（組戻用） ………………………………… 156
　　　　　　【書式80】　受取書（手形類返却用） ………………………… 157
　　　　　　【書式81】　取立手形のD／A扱依頼書 …………………… 158
　　　　　　【書式82】　取立手形のD／A扱依頼書（包括用） ……… 160
　　　　　　【書式83】　手形付属書類受取書（引受人用） ………… 161
　　　　　　【書式84】　取立手形支払期日延期依頼書 ……………… 162

第5章　融資取引と念書の取扱い

1　銀行取引約定書紛失用念書 ……………………………………… 165
　　　　　　【書式85】　銀行取引約定書紛失用念書 ………………… 165
2　公益法人への融資と念書 ………………………………………… 166
　　　　　　【書式86】　公益法人融資用念書 …………………………… 166
3　学校法人理事会の取引承認用念書 …………………………… 167
　　　　　　【書式87】　学校法人理事会の取引承認用念書 ……… 167
4　学校法人評議員会の取引承認用念書 ………………………… 168
　　　　　　【書式88】　学校法人評議員会の取引承認用念書 …… 168
5　融資証明書 …………………………………………………………… 169
　　　　　　【書式89】　融資証明書 …………………………………………… 169
6　当座過振り用念書 …………………………………………………… 170
　　　　　　【書式90】　当座過振り用念書 ……………………………… 170
7　商担手貸用念書 ……………………………………………………… 171
　　　　　　【書式91】　商担手貸用念書 ………………………………… 171
8　「期限の延期」の場合の念書 …………………………………… 172

1　延期の方法 …………………………………………………… 172
　　【書式92】　借用金延期用念書 ……………………………… 173
　　【書式93】　債務承認分割弁済契約証書 …………………… 175
　　【書式94】　委任状（公正証書作成用） …………………… 178
　　【書式95】　弁済期変更契約証書（差入形式） …………… 184
　　【書式96】　弁済期変更契約証書（契約書形式） ………… 185
　2　商手支払期日の延期の場合の念書 ……………………… 186
　　【書式97】　債務承認分割支払依頼書 ……………………… 187
　3　延期と抵当権設定の場合の念書 ………………………… 188
　　【書式98】　抵当権設定債務弁済契約証書 ………………… 190
　4　延期と金利の変更の場合 ………………………………… 194
　　【書式99】　弁済期利率変更契約証書（契約書形式） … 195
　　【書式100】　利率変更登記用委任状 ……………………… 197
　　【書式101】　承諾書（期限延期＜手形書替＞の場合の
　　　　　　　　保証人用） ……………………………………… 198

第6章　担保・保証と念書の取扱い

1　担保差入れに関する念書の作成例 …………………… 200
　1　建物新築資金の融資の担保差入れに関する念書 …… 200
　　【書式102】　担保差入に関する念書（建物新築資金融資の場合）… 202
　2　根抵当権の追加担保とする場合の
　　　担保差入れに関する念書 ………………………………… 203
　　【書式103】　担保差入に関する念書
　　　　　　　　（根抵当権の追加担保） ……………………… 203
　3　増担保差入契約書 ………………………………………… 204
　　【書式104】　増担保差入契約書 …………………………… 204

2 不動産担保の念書 …………………………………… 206
1 担保物件と問題点 ………………………………… 206
2 現状と登記面が不一致の場合 …………………… 207
【書式105】 現状と登記面が不一致の場合の念書 …… 207
3 実測と登記面の土地面積が不一致の場合 ……… 208
【書式106】 実測と登記面の土地面積が不一致の場合の念書 … 208
4 未登記建物がある場合の念書 …………………… 209
【書式107】 未登記建物がある場合の念書 ………… 209
5 付属建物を建てる場合の念書 …………………… 211
【書式108】 付属建物を建てる場合の念書 ………… 211
6 地主の承諾書 ……………………………………… 212
【書式109】 地主の承諾書 …………………………… 212
7 権利能力なき社団から担保を徴求する場合の念書 … 214
【書式110】 権利能力なき社団から担保を徴求する場合の念書 … 214

3 特殊な不動産担保と念書 …………………………… 215
1 抵当権設定登記留保用の念書 …………………… 215
【書式111】 抵当権設定登記留保用の念書 ………… 215

4 根抵当権の譲渡に関する念書 ……………………… 217
1 全部譲渡の場合 …………………………………… 217
【書式112】 根抵当権譲渡契約証書（全部譲渡用） …… 218
2 保証人の代位弁済 ………………………………… 220
【書式113】 根抵当権譲渡承諾書（代位弁済者用） … 220
3 共同根抵当権の一部解除と念書 ………………… 221
【書式114】 承諾書（共同根抵当権の一部解除） … 221
4 根抵当権の分割譲渡と念書 ……………………… 222
【書式115】 根抵当権譲渡契約証書（分割譲渡用） …… 222

| 5 | 手形貸付に普通抵当権を設定した場合 ………………… 224
　　【書式116】 念書（旧手形を返却する場合）………………… 225
| 6 | 根抵当権の一部譲渡と念書の取扱い ………………… 226
　　【書式117】 根抵当権一部譲渡契約証書
　　　　　　　　（優先関係を定める場合）………………… 227
| 7 | 担保提供意思の確認のための照会状 ………………… 229
　　【書式118】 担保提供の照会状 ………………… 230
　　【書式119】 担保提供の回答書 ………………… 231
| 8 | 根抵当権確定請求権の放棄と念書 ………………… 232
　　【書式120】 確定請求権放棄用の念書 ………………… 232
| 9 | 工場抵当と念書の取扱い ………………… 234
　1　工場抵当とは ………………… 234
　2　工場抵当設定手続 ………………… 235
　　【書式121】 工場抵当法第3条による目録 ………………… 236
　　【書式122】 工場財団の場合 ………………… 237
　　【書式123】 委任状 ………………… 238
　3　工場供用物件の追加・分離と念書 ………………… 239
　　【書式124】 追加同意書 ………………… 239
　　【書式125】 分離（滅失）同意書 ………………… 240
　4　普通抵当の工場抵当への変更手続と念書 ………………… 241
| 10 | 株式担保と処分承諾書 ………………… 242
　　【書式126】 担保物件処分承諾書 ………………… 242
| 11 | 保　証 ………………… 244
　　【書式127】 保証約定書（個人保証の場合）………………… 246
　　【書式128】 説明・同意書 ………………… 247
| 12 | 保証と念書の取扱い ………………… 248

1　保証人の変動時の念書 ………………………………… 248
　　　　【書式129】　保証人加入用念書 ……………………… 248
　　　　【書式130】　保証人加入および脱退契約証書
　　　　　　　　　　　（証書貸付の場合）………………… 250
　　　　【書式131】　保証人脱退契約証書 …………………… 252
　　　2　保証期限、限度額の変更と念書 ……………………… 253
　　　　【書式132】　保証期限の延長の同意書 ……………… 253
　　　　【書式133】　保証極度変更用の同意書 ……………… 254
　　　3　会社保証用の念書 ……………………………………… 256
　　　　【書式134】　会社保証用念書 ………………………… 256
　　　4　取引会社と取引がある会社の保証の念書 …………… 257
　　　　【書式135】　取引関係がある場合の念書 …………… 257
　　　5　取引会社と人的・資本関係がある場合の念書 ……… 258
　　　　【書式136】　人的・資本関係がある場合の念書 …… 258
　　13　利益相反行為の場合の念書 ……………………………… 259
　　　1　会社の保証書 …………………………………………… 259
　　　　【書式137】　利益相反行為の場合の保証書 ………… 259
　　　2　持分会社の貸付金を保証する場合 …………………… 260
　　　　【書式138】　持分会社保証の場合の念書 …………… 260

第7章　債権管理・回収と念書の取扱い

　　1　融資債権管理と念書の取扱い …………………………… 262
　　　1　手形貸付から証書貸付への変更の場合 ……………… 262
　　　　【書式139】　念書（手形貸付切換用・準消費貸借・
　　　　　　　　　　　無担保の場合）……………………… 263
　　　2　念書（債務承認・抵当権付の場合）………………… 266

　　　　　【書式140】　債務承認弁済契約証書（抵当権付の場合）… 266
　　3　債務引受の場合の契約書 ……………………………………… 267
　　　　　【書式141】　免責的債務引受契約証書 ……………………… 268
　　　　　【書式142】　債務引受の委任状
　　　　　　　　　　　（免責的債務引受による変更登記用）…… 270
　　　　　【書式143】　同意書（旧債務者用）…………………………… 271
　　　　　【書式144】　重畳的債務引受契約証書（連署形式）……… 272
　　　　　【書式145】　委任状（変更登記用）…………………………… 274
　　4　代位弁済の場合の念書 ………………………………………… 274
　　　　　【書式146】　同意書（任意代位用）…………………………… 276
　　　　　【書式147】　代位弁済受領用通知書 ………………………… 277
　2　同行相殺・呈示免除の念書 …………………………………… 278
　　1　同行相殺の念書 ………………………………………………… 278
　　　　　【書式148】　同行相殺に関する念書 ………………………… 280
　　　　　【書式149】　同行相殺に関する念書（買戻し猶予依頼書）… 281
　　2　呈示免除の念書 ………………………………………………… 282
　　　　　【書式150】　呈示免除に関する念書 ………………………… 284
　3　債権による回収と念書の取扱い ……………………………… 285
　　1　債権譲渡と念書 ………………………………………………… 285
　　　　　【書式151】　債権譲渡契約証書 ……………………………… 286
　　　　　【書式152】　承諾書（債権譲渡用）…………………………… 288
　　　　　【書式153】　債権譲渡承諾依頼書（工事請負代金用）… 289
　　2　代理受領の場合 ………………………………………………… 291
　　　　　【書式154】　代理受領委任状 ………………………………… 292
　　3　振込指定の場合の念書 ………………………………………… 293
　　　　　【書式155】　振込指定依頼書 ………………………………… 294

| 4 | 任意回収 ··· | 295 |

　　【書式156】　借主に対する第1回目の督促状 ··············· 296
　　【書式157】　借主に対する再度の督促状 ······················ 297
　　【書式158】　期限の利益喪失通知（手形貸付の場合） ··· 299
　　【書式159】　期限前買戻請求通知（割引手形） ············ 300
　　【書式160】　事前求償権行使の通知書 ·························· 301
　　【書式161】　当座貸越契約解約通知書
　　　　　　　　（貸越残高のない場合） ························· 302
　　【書式162】　当座勘定取引解約通知書 ·························· 303
　　【書式163】　相殺通知書 ··· 304
　　【書式164】　保証人宛相殺通知書 ·································· 305

| 5 | 私的整理 ··· | 306 |

　　【書式165】　私的整理用委任状 ····································· 307

第8章　個人情報の取扱い・その他

| 1 | 個人情報の取扱い ··· | 310 |

　　【書式166】　利用目的の特定 ··· 312
　　【書式167】　アンケートのお願い ·································· 313
　　【書式168】　元本保証のない商品への申込 ··················· 315

第 1 章

銀行取引一般
取引の相手方の変更

1 念書はなぜ必要か

1 念書はどのような場合に必要となるか

　念書を銀行が制定用紙としない理由は，主にその利用頻度が少ないということにもよるが，そのほかに，念書の利用が画一的でなく，利用目的によって，その文言を目的に合わせて変更するなど，念書の利用に応用動作を必要とすることが大きな理由となっている。

　したがって，念書を作るということは，高度の法律知識と配慮が必要であり，書式例に基づき記載し，単に相手方から署名（記名）押印を徴求すれば目的を達するというものではない。

　この点が，銀行の制定用紙の場合と基本的に相違している。

　念書の徴求が必要となる場合は，典型的な銀行取引ではなく，それぞれ個別・具体的な取引に際し，後日のため，その合意を記録しておくことにより，それが証拠ともなるためである。

2 念書の法律的位置付けと効果

　念書の表題が「〇〇契約書」「〇〇契約証書」「〇〇に関する念書」あるいは「証」とか「覚書」となっていても，またその用紙が印刷された文言によるものであろうと，ボールペンで書かれていたものであろうと，法律的には，すべて本文に記載された契約文言によって効力が生ずるのである。

　したがって，その表題などによって，それぞれの念書を軽く扱うことは許されない。

3 念書に盛込む内容と注意点

　銀行と取引先との合意した内容とか，個々の債権の内容を明らかにするためとか，取引上，後日のため法律的効力を生じさせておくべき事項など，

多岐にわたるものが念書に盛込む内容の対象となる。

その際,実務上注意しておくべきことは,以下のとおりである。

(1) 相手方に意思能力があること

銀行と相手方との間に合意が成立し,念書が作成されても,相手方に正常な判断能力がなければ,その念書は無効となるから注意が必要である。

(2) 自由な意思に基づいていること

銀行と取引先との自由な意思に基づく合意であることが必要である。

合意の成立には,銀行と取引先との意思表示が,客観的内容において一致すること(客観的合致)と,相手方と合意しようとする意思がみられること(主観的合致)が必要である。

さらに,客観的に合致した内容と表意者の真意との間にくい違いがある場合には,錯誤(民法95条)の問題が生じ,念書が無効になることもあるから注意が必要である。

(3) 信義誠実の原則からみて妥当なものか

取引先との合意についても,当事者相互の信頼の基礎のうえに成立している。

したがって,合意の内容が不明確であるときは,信義誠実の原則に従い,その内容を解釈しなければならないし,念書の内容となっている権利と義務の範囲も,信義誠実の原則に適合するように定められ,また,運用されなければならない制限を受ける。

判例も「……信義誠実の原則(民法1条2項)は,権利の行使,義務の履行についてのみならず,当事者のした契約の趣旨を解釈するにもその基準となるべきものである」と判示している(最判昭32・7・5民集11巻7号1193頁)。

したがって,社会通念からみて銀行に一方的に有利な内容の念書は,無

効になることもあるので注意のうえ作成することが必要である。

　消費者契約法，金融商品販売法が平成13年4月から施行され，説明義務とコンプライアンス体制が整備されることとなった。

　この趣旨から，「念書」作成についても，内容をよく説明し，とくに「差入形式」をとっていることが多いので，その写しを交付しておくべきである。

(4) 不良債権管理については公正証書の作成も考慮する

　一般には，取引先との合意については，公正証書を利用することはあまりないが，不良債権の管理について念書を作成する場合には，公正証書を利用することも考慮すべきである。

　公正証書にする利点は，

---

① きわめて強い証拠力が与えられること
② 強制執行認諾約款が記載されていれば，債務名義（民事執行法22条）となり，直ちに強制執行ができること
③ 法律上の不合理や不足した条項がないかなどを公証人に確認してもらえること
④ 公正証書にしておけば，その内容に違反すると大変なことになるという強い心理的効果を与えることになること

など，債権回収上いろいろのメリットがあることがあげられる。

2　制限能力者との取引の注意点

1　民法による制限能力者

　高齢化社会への対応や従来の無能力者制度の見直しにより平成12年4月1日から、①民法の一部を改正する法律，②任意後見契約に関する法律，③民法の一部を改正する法律の施行に伴う関係法律の整備等に関する法律，④後見登記等に関する法律のいわゆる成年後見関連四法が施行された。

　民法の規定によれば，単独で取引をすることができない制限能力者は

① 　未成年者

　　満20歳未満の人(民法3条)

② 　成年被後見人

　　精神上の障害により事理を弁識する能力を欠く常況に在る者で後見開始の審判を受けた者（民法7条，8条）

③ 　被保佐人

　　精神上の障害により事理を弁識する能力が著しく不十分な者で，保佐開始の審判を受けた者（民法11条，11条の2）

④ 　被補助人

　　精神上の障害により事理を弁識する能力が不十分な者で，補助開始の審判を受けた者（民法14条1項）

である。

　そのほか，

⑤ 　「任意後見制度」の適用を受ける者（任意後見契約に関する法律）

⑥ 　改正前の民法による禁治産者，準禁治産者で新制度に移行しなかった者などがある。

2 「精神的な障害による事理弁識能力」と「準禁治産宣告を受けた者」

　成年後見制度は,「精神的な障害による事理弁識能力」の欠けている者を対象としているので,盲者,聾者,唖者,浪費者を理由として改正民法前に準禁治産宣告を受けた者と,公示について新民法の適用を受けることを希望しないで,新制度への移行の申請をしなかった者は,これまでどおり「準禁治産者」「禁治産者」として残ることになる。

　これらの者は,いままでどおり「戸籍」で確認するとともに,禁治産者については,後見人を取引の相手方とし,準禁治産者については,保佐人の同意を受けて金融取引をすることになる。

　新制度については,全国銀行協会（以下全銀協という）から平成11年12月20日付で「新しい成年後見制度にかかる銀行実務上の対応について」という通達が出されている。

　そのなかで,全銀協は,約款,契約書等への手当として補助人等の代理権者,同意権者から取引銀行へ届け出てもらうことを主眼としている。

　そして,届出書の参考例を示している。

　なお,成年後見制度の適用を受けていない場合でも,相手方に意思能力や行為能力のない場合もあり,そのときには「念書」の内容が無効になったり,取消されたりすることもあるので,従来どおり相手方の意思能力や行為能力を確認することは必要である。

　単に,制限能力者であるか否かだけを確認して安心してはならない。

第1章　銀行取引一般　取引の相手方の変更

【書式1－1】　成年後見制度に関する届出書（例）

成年後見制度に関する届出書（例）

年　月　日

　　　銀行
　　　支店　御中

本　人	おところ	お電話（　－　－　）
	おなまえ	フリガナ ○（届出印）

補助人 保佐人 成年後見人 任意後見人	おところ	お電話（　－　－　）
	おなまえ	フリガナ ○（届出印）

　私（本人）は，成年後見制度に係る家庭裁判所の審判を受けましたので，貴店との取引について，次のとおりお届けいたします。
　なお，届出内容に変更があった場合には，改めてお届けいたします。
　（1・2については，該当する項番・項目を○で囲んでください。）

1．同意権（取消権）付与の審判

審判の種類	補助・保佐
同意権 （取消権）の内容	・添付資料のとおり。
添付資料	登記事項証明書・審判書および確定証明書

2．代理権付与の審判

審判の種類	補助・保佐・成年後見・任意後見（任意後見監督人の選任）
代理権の内容	・添付資料のとおり。
添付資料	登記事項証明書・審判書および確定証明書

3．現在の取引の種類

4．その他

第1章　銀行取引一般　取引の相手方の変更

【書式1－2】　成年後見制度に関する届出書（例）

成年後見制度に関する届出書（例）

年　月　日

　　　　銀行
　　　　支店　御中

本　人	おところ	お電話（　－　－　）
	おなまえ	フリガナ 〇（届出印）

補助人 保佐人 成年後見人 任意後見人	おところ	お電話（　－　－　）
	おなまえ	フリガナ 〇（届出印）

　私（本人）は，成年後見制度に係る家庭裁判所の審判を受けましたので，貴店との取引について，次のとおりお届けいたします。
　なお，届出内容に変更があった場合には，改めてお届けいたします。

(1) 審判の内容（該当する項目を〇で囲んでください。）

審判の種類	補助・保佐・成年後見・ 任意後見（任意後見監督人の選任）
	代理権付与の審判・同意権（取消権）付与の審判
代理権・同意権の内容	添付資料のとおり。
添付資料	登記事項証明書・審判書および確定証明書

(2) 現在の取引の種類

口座番号をご記入下さい	総合 口座	普通	
		定期	
	普通預金		(その他，各行における取引の
	定額預金		種類を記す)
	当座預金		・　・　・

(3) その他

（備考）

本届出書は，次の取扱いを前提にしている。

① 補助人等の実印に係る印鑑証明書の徴求については，通常の代理人届の場合と同様とするなど，各行所定の方法による。

② 任意後見契約の締結自体の届出（任意後見契約自体の登記事項証明書の提出）は対象としていない。

③ 任意後見受任者が任意後見人になるのは，「任意後見監督人の選任」によるため，この届出の契機となるのは選任に係る審判であるが，代理人はあくまで任意後見人であるため，任意後見人の届出をもらう。なお，一定の行為の代理について任意後見監督人の同意を要するとされている場合もあるが，この場合にはその旨を「その他」欄に記載してもらい，任意後見監督人等の届出を別途もらうこととしている。

④ 同意（取消）権や代理権の対象行為の範囲は，届出書に記載してもらうのではなく，「添付資料のとおり」として，登記事項証明書により確認する。なお，登記事項証明書に代えて，「審判書および確定証明書」による取扱いも可能としている。

⑤ 届出事項の変更については，新たに本届出書を提出（変更の旨を「その他」欄に記載）してもらい，変更後の登記事項証明書により取扱う。したがって，変更届は別に設けない。

⑥ 行為能力が回復した場合の届出については，各行において既に制定されているものなどを使用する。あるいは，上記⑤に準じて取扱う。

3　成年被後見人との取引方法

保護者は成年後見人であるから「登記事項証明書」を徴求のうえ、取引の相手方を成年後見人とする。ただし、改正後は「成年被後見人の法律行為は取消すことができる。ただし、日用品の購入その他日常生活に関する行為は取消しできない」と規定されている（民9条）。日常生活に関する行為の範囲は、民法761条の日常家事債務と同様と考えて対応すればよい。

4　被保佐人との取引

被保佐人の保護者は保佐人であり、保佐人の有する同意権、取消権の範囲は、民法12条1項各号の行為であり、代理権は、申立ての範囲内で家庭裁判所が定める「特定の法律行為」である。代理権が付与された場合に、その範囲は登記される。**「登記事項証明書」**で確認のうえ取引する。

なお、取引の相手方は、登記官に対し「登記事項証明書」の交付を請求をすることができないので、銀行は、本人の判断能力に疑義が生じたときは、成年後見を受けているか否かを確認し、受けている場合には、相手方から提出してもらうことになる。もちろん、後見人、保佐人などから委任状を得ていれば銀行自ら請求することはできる。

銀行が確認したときに、本人が受けていない旨回答して取引したときは、民法20条の「詐術」を用いたこととなり取消権を行使することはできなくなる。

第1章 銀行取引一般 取引の相手方の変更

【書式2】 成年被後見人取消用の同意書

届 出 書

平成〇〇年〇月〇日

株式会社〇〇銀行　殿

住　所
氏　名　〇〇〇〇　　㊞

住　所
氏　名　〇〇〇〇　　㊞

　私は，平成〇〇年〇月〇日に成年被後見人の後見開始の審判の取消しが確定し，完全な行為能力者となりました。したがって，今後は，後見人の代理によることなく，私においてすべての法律行為をします。
　制限能力者当時に後見人が行った貴行との下記取引はもとより，今後私が貴行と行うすべての取引についてもその責に任じます。

記

1．当座勘定取引に基づく取引
2．銀行取引約定書に基づく銀行取引
　〈添付書類〉
1．家庭裁判所の審判書謄本
2．印鑑証明書
3．登記事項証明書

（注）
1．法定後見の終了事由としては，法定後見開始の審判の取消の審判の確定，本人の死亡がある。
2．法定後見開始の審判の取消の審判があったことを法定後見の終了事由とする場合には，終了の登記は，裁判所書記官からの嘱託に基づいて行われる（家庭審判法15条の2）。
3．終了の登記の登記事項は，終了事由と終了年月日である。

第1章 銀行取引一般 取引の相手方の変更

【書式3】 同意書（保佐人から徴求するもの）

同 意 書

住　所

（A）被保佐人〇〇〇〇

1．（B）〇〇〇〇が株式会社〇〇銀行より金〇〇〇万円也を平成〇〇年〇月〇日まで利息年〇〇％の割合で借り受けるにあたり被保佐人がその保証をすること（または被保佐人〇〇〇〇が株式会社〇〇銀行より金〇〇〇円也を平成〇〇年〇月〇日まで利息年〇〇％で〈ただし365日の日割計算〉の割合で借り受けること）。

2．被保佐人〇〇〇〇がその所有にかかる（〇〇〇県〇〇市〇〇町〇丁目〇番地所在）

　宅地〇〇〇㎡を債権額金〇〇〇円也で株式会社〇〇銀行に抵当権を第一順位で設定登記すること。

　上記の行為を被保佐人〇〇〇〇が行うことに同意する。

平成〇〇年〇月〇日

住　所

保佐人　〇〇〇〇　㊞

（注）
1．同意書は，契約書その他の文書に貼付し，同意した保佐人の契印をとる。
2．「登記事項証明書」で確認する。
3．日常生活に関する行為の範囲のなかには，電気，ガス代，水道料金などの支払いも含まれると解されている。
4．預金取引など大量，反復，定型的事務処理については，預金払戻請求書などに補助開始の審判等の有無を記入してもらう欄を設け，顧客の「無」の申告が虚偽の場合には，民法20条の「詐術」の適用により取消権行使のリスクを回避できるのではないかという意見もある（新しい成年後見制度に係る銀行事務上の対応について（平11全事会等31号）。

第1章 銀行取引一般 取引の相手方の変更

【書式4】 保佐人の同意書

追 認 書

平成○○年○月○日

株式会社○○銀行　殿

　　　　　　　　　　　　　住　所
　　　　　　　　　　　　　氏　名（被保佐人）○○○○
　　　　　　　　　　　　　保佐人
　　　　　　　　　　　　　住　所
　　　　　　　　　　　　　氏名○○○○　　　　㊞

　被保佐人○○○○が貴行と契約した下記取引につき，保佐人である私は追認いたします。

記

　平成○○年○月○日付金銭消費貸借契約証書に基づき，○○○○が貴行に対し負担する下記債務
元金○○○○円也（平成○○年○月○日現在借入残高金○○○○円也）

以上

（注）
　　追認者（保佐人）の印鑑証明書および登記事項証明書を添付させる。
　　本人が追認する場合は，印鑑証明書を添付させる。

3　被補助人との取引

　被補助人との取引については，補助開始の審判と同じに行われる審判によって，補助人が代理権と同意権の双方を持つか，個別に持つか否か，またそれぞれの範囲はどこまでかなどを確認しなければならない。
　これらについて，「登記事項証明書」または「審判書謄本と確定証明書」の提出を受ける。

4　未成年者との取引

　未成年者は，単独で完全な法律行為ができないので，法定代理人（親権者または後見人）あるいは，利益相反行為の場合には特別代理人の同意をえて取引を行う必要がある。
　未成年者でも，商法上の営業の許可をえている場合には，法定代理人の同意をえずに取引ができるので商業登記簿謄本で確認する。

第1章 銀行取引一般 取引の相手方の変更

【書式5】 同意書（補助人から徴求するもの）

同　意　書

　　　　　　　　　住　所
　　　　　　　　　　（A）被補助人〇〇〇〇

1．（B）〇〇〇〇が株式会社〇〇銀行より金〇〇〇〇万円也を平成〇〇年〇月〇日まで利息年〇〇％の割合で借り受けるにあたり被補助人（A）〇〇〇〇がその保証をすること。

2．被補助人（A）〇〇〇〇がその所有する（〇〇〇県〇〇市〇〇町〇丁目〇番地所在）
　宅地〇〇〇㎡を債権額金〇〇〇円也で株式会社〇〇銀行に抵当権を第一順位で設定登記すること。

　上記の行為を被補助人〇〇〇〇が行うことに同意する。
　　　　　　平成〇〇年〇月〇日
　　　　　　　　　　　補助人　〇〇〇〇　　㊞

（注）
1．同意書は，契約書とその他の文書に貼付し，同意した保佐人の契印をとる。
2．「登記事項証明書」などで補助人の代理権の範囲を確認する。

第1章 銀行取引一般 取引の相手方の変更

【書式6】 未成年者との取引用念書

念　書

平成○○年○月○日

株式会社○○銀行　殿

　　　　　　　　　　住　所
　　　　　　　　　　未成年者（A）○○○○
　　　　　　　　　　住　所
　　　　　　　　　　親権者　父○○○○　　㊞
　　　　　　　　　　親権者　母○○○○　　㊞
　　　　　　　　　　（または後見人○○○○　㊞）

　未成年者（A）○○○○が貴行と銀行取引をすることを同意しました。ついては（A）と貴行との取引につき事故が生じても私どもにおいていっさいの責任を負い，貴行には迷惑をかけません。

〈添付書類〉
1．戸籍謄本
2．印鑑証明書（親権者父，母）

(注)
1．親権は，父母の婚姻中は，父，母が共同して行わなければならない（民法818条3項）。したがって，父，母の署名押印が必要である。
2．父，母の一方がいない場合には，いずれかの署名押印でよい。
3．親権者（父，母）がいない場合には，後見人より提出を受ける（民法838条1項）。
4．他の制限能力者と取引する場合にも，この書式例を応用して使用する。

第1章　銀行取引一般　取引の相手方の変更

【書式7】　未成年者営業用念書

念　書

平成○○年○月○日

株式会社○○銀行　殿

住　所

未成年者（A）○○○○

住　所

親権者　父○○○○　　㊞

親権者　母○○○○　　㊞

（または後見人○○○○　㊞）

　未成年者○○○○が○○販売業を営むについて，許可をしました。

　ついては，貴行と未成年者○○○○との銀行取引に関して万一事故が生じても，私どもにおいていっさいの責任を負い，貴行には迷惑をかけません。

〈添付書類〉
1．戸籍謄本
2．商業登記簿謄本
3．印鑑証明書（親権者父，母）
　（または後見人）

(注)
1．親権者（または後見人）が未成年者の営業を許可した場合に徴求する。
2．営業を為すときは登記をしなければならない（商法5条）。商業登記簿謄本で確認する。

【書式8】 代理人届（未成年者の代理人と取引する場合）

代 理 人 届

平成○○年○月○日

株式会社○○銀行　殿

　　　　　　　　　　　住　所
　　　　　　　　　　　未成年者○○○○
　　　　　　　　　　　住　所
　　　　　　　　　　　親権者　父○○○○　　㊞
　　　　　　　　　　　親権者　母○○○○　　㊞

　本人が未成年者のため，私どもは親権者として，本人と貴行との下記取引につき代理人として取引します。
　私どもの印鑑証明書を添えてお届けします。

記

1．当座勘定規定による当座勘定取引
2．銀行取引約定書による銀行取引
　〈添付書類〉
1．戸籍謄本
2．印鑑証明書（親権者父，母）
3．印鑑届（代理人取引　㊞　）

（注）
1．親権者を代理人として取引する場合に徴求する。
2．未成年者の子の財産を親の債務のために提供する場合は利益相反行為となるから，特別代理人の選任を行い取引する（民法826条）。

＜未成年者との取引後，同意を得ていないことが判明した場合＞

　未成年者と取引を行った後，同意のないことが判明した場合は，1カ月以上の期間内に同意を得て，その取引行為を追認するよう催告をしなければならない。

　催告の相手方は，未成年者の場合は，法定代理人（親権者または後見人）である。この催告に対して，指定期間内に確答がないときは，未成年者の場合は追認（取消権を放棄すること）したものとみなされる（民法19条2項）。

第1章 銀行取引一般 取引の相手方の変更

【書式9】 制限能力者に対する追認の催告書

催 告 書

平成○○年○月○日

住　所
法定代理人○○○○殿
〔保佐人〕
〔補助人〕

　　　　　　　　　　　　　住　所
　　　　　　　　　　　　　株式会社○○銀行○○支店
　　　　　　　　　　　　　支店長○○○○　　　㊞

　平成○○年○月○日付銀行取引約定書に基づき当行が○○○○殿に下記手形により手形貸付をいたしました当時○○○○殿は未成年者であり，かつその契約について，法定代理人である貴殿の同意を得ておりませんでした。

　○○○○殿の契約については，法定代理人である貴殿が同意を与える権限をお持ちと考えますので，この行為を追認するかどうかをこの催告書が着いてから○○日内（1カ月以上の期間を定めること）に確答願いたいと存じます。

　もし，上記期間内に返事を発せられないときは，この行為を追認したものとみなしますのであしからずご了承ください。

　上記催告します。

記

（手形の表示）〈略〉

（注）
1．その他の制限能力者への催告書も，この書式例に準じて作成する。この場合にも，極力追認を得るように努力する。
2．催告は，制限能力者が能力者となった後でもできる。その場合の相手方は，本人とする。

第1章 銀行取引一般 取引の相手方の変更

【書式10】 法定代理人の追認書

追　認　書

平成○○年○月○日

株式会社○○銀行　殿

　　　　　　　　　　住　所
　　　　　　　　　　追認者○○○○　　　㊞

　未成年者○○○○がいたしました下記行為に対し，法定代理人である私は，その行為を追認いたします。

記

〈略〉

【書式11】 本人の追認書

追　認　書

平成○○年○月○日

株式会社○○銀行　殿

　　　　　　　　　　住　所
　　　　　　　　　　追認者○○○○　　　㊞

　私が未成年者の当時，貴行と契約いたしました下記行為につき，私は平成○○年○月○日成年に達しましたので，追認いたします。

記

〈略〉

5 「任意後見制度」の適用を受ける者との取引

　任意後見制度とは，本人が判断能力の不十分な状態に備えて，任意後見の受任者に自己の生活，療養看護や財産管理についての事務の全部または一部を委任して，その事務について代理権を付与することによって，後見人となる者を定めておく停止条件付委任契約であるといわれている。

　このような委任契約を法務省令で定める様式の公正証書により契約しておかなくてはならない。そして，この委任契約の効力が生ずるのは「任意後見監督人」が家庭裁判所で選任されたときからである（任意後見契約に関する法理2条1号）。

　銀行取引にあたっては，「任意後見契約の登記事項証明書」「任意後見監督人選任の審判書謄本」「審判の確定証明書」の提出を求め対応する。その他は，成年後見制度と同様に取扱う。

6 民法改正前の禁治産者、準禁治産者で新制度に移行しなかった者との取引

　成年後見制度は，いずれも精神的な障害による事理弁識能力のない者や不十分な者を対象としている。したがって，民法改正前に盲者，聾者，唖者，浪費者として準禁治産宣告を受けた者と新制度への移行を申請しなかった者は，これまでどおり「準禁治産者」「禁治産者」として残ることになる。これらの者との取引は従来通り「戸籍」で確認し，禁治産者については，後見人を取引の相手方とし，準禁治産者については保佐人の同意をえて行う。

7　法人との取引と念書

1　会社の登記上の住所と実際の本店所在地が異なっている場合

　類似商号などのために正しい住所での商業登記ができないとか，本店を移転したが，住所変更登記をしていないとかのように，会社の登記上の住所と実際の本店所在地が異なっている場合がある。

　このような場合には，変更登記をさせるように努めるべきであるが，類似商号の場合には登記ができないから，よく実体面の調査をし，役員に関する事項，代表取締役，目的，資本金，会社成立年月日などにより，登記上の住所地に同名の会社が実在していないことを確認する。同一性の確認ができたときは「住所変更の登記ができない事由」などを明記した「念書」を徴求のうえ取扱う。

　実際の所在地で不渡等の事故を発生させ，他の地域で同一名の会社を設立したなどのケースもあるので注意が必要である。

【書式12】　住所に関する届出書

```
                    住所に関する届出書
                                        平成○○年○月○日
株式会社○○銀行　殿
                                         (登記上の住所)
                              東京都○○区○○1丁目1番1号
                              ○○商事株式会社
                              代表取締役○○○○　　　　㊞


　貴行との銀行取引につき，貴行に差入れる約定書その他の書類への
当社の住所の表示については，便宜上，下記のとおりとしますのでお届
けします。なお，当社への諸通知は，下記の住所宛お願いいたします。
                           記
住所の表示
神奈川県横浜市神奈川区○○町○番○号
                                                    以上
```

2　持分会社の自己取引

　業務執行社員が自己または第三者のために会社と行う取引（自己取引）は、会社と利害が相反する取引行為として、会社の利益を犠牲に、自己または第三者の利益をはかるおそれがあるので、当該社員以外の社員の過半数の承認が必要である（会社法595条）。

　合名会社、合資会社、合同会社は持分会社と総称される（会社法575条）。

第1章　銀行取引一般　取引の相手方の変更

【書式13】　自己取引の同意書

同　意　書

平成〇〇年〇月〇日

株式会社〇〇銀行　殿

　　　　　　　　　　　住　所
　　　　　　　　　　　〇〇商事合名会社
　　　　　　　　　　　社員〇〇〇〇　　　　㊞
　　　　　　　　　　　同　〇〇〇〇　　　　㊞
　　　　　　　　　　　同　〇〇〇〇　　　　㊞

　当社代表社員〇〇〇〇が平成〇〇年〇月〇日付銀行取引約定書に基づき貴行より借受け負担する下記手形債務金〇〇〇円也につき，当社が連帯保証することを社員連署のうえ承認いたします。

記

（手形の表示）

（注）
1．商業登記簿謄本により，各社員を確認する。
2．社員全員の同意があれば，合名会社の場合は「会社の目的」の範囲外の行為もできる。
3．各社員の印鑑証明書を徴求し，同意書の印鑑と照合する。
4．合資会社の場合も，この書式例に準じて作成する。この場合の社員は，すべて無限責任社員であることを確認する。

8　代表者の死亡と念書

1　法人の代表者が死亡した場合

　法人の行為は，法人の代表者により行われるものであるから，代表者の死亡は「取引の相手方」がいない状態となり，銀行取引は行うことはできない。

　このような場合には，株式会社における取締役会のような権限のある機関により新代表者を選任してもらい，新代表者と取引をするのが原則であるということはいうまでもない。

2　取締役が3名で，そのうち1人が死亡した場合

　しかし、実務上よく問題になるのは、小規模の株式会社で、取締役会設置会社の場合取締役が3名で、そのうち1人が代表取締役という場合に、その代表取締役が死亡したというケースである。

　このケースにおいては、会社法331条に「取締役は三人以上でなければならない」との規定があるので、残った2人の取締役で有効な取締役会を開催できるのか？　したがって、代表取締役の選任（会社法349条3項）や新取締役を選任するための株主総会の招集（会社法296条3項）は有効かということが問題となる。

　この点について、残った2人の取締役で取締役会を開き、新代表取締役を選任できるとする見解もあり、代表取締役変更の申請ができるとする法務省民事局長の回答（法務省昭和40・7・13民事甲1747号）もある。しかし、この方法により選任された新代表取締役は3人以上の取締役で構成されている取締役会で選任された代表取締役ではないので、原則的には会社法351条2項に基づき裁判所に仮取締役を選任してもらって正

式に代表取締役を選任する方法をとることになる。

　しかし、この方法では日数を要するのでその間は銀行取引ができないこととなり、ケースによっては、不渡りを出したり倒産する恐れもないわけではない。

　そこで、次の念書を徴求して対応するとよい。

　小規模の株式会社で株主が少数の場合には、株主全員が自発的に集合すれば、株主総会の招集がなくても株主総会になるとの見解があり、判例も「招集権者による株主総会の招集の手続を欠く場合であっても、株主全員がその開催に同意して出席した、いわゆる全員出席総会において、株主総会の権限に属する事項につき決議をしたときには、右決議は有効に成立する」と判示し（最判昭和60・12・20民集39巻8号1869頁）、また「いわゆる一人会社の場合には、その1人の株主が出席すれば、それで株主総会は成立し、招集の手続を要しない」と判示している（最判昭和46・6・24民集25巻4号596頁）ので、この考え方により株主総会を開き取締役を選任し、そこで選任された新取締役1人を加えた3人の取締役で取締役会を開き、代表取締役を選任すればよい。

　なお、取締役会設置会社でなければ取締役は1人以上でよいとされたので、この問題は生じない（会社法326条1項）。

第1章 銀行取引一般 取引の相手方の変更

【書式14】 新代表者選任用念書

念　書

平成〇〇年〇月〇日

株式会社〇〇銀行　殿

　　　　　　　　　住　所
　　　　　　　　　会社名
　　　　　　　　　取締役　〇〇〇〇　　㊞
　　　　　　　　　取締役　〇〇〇〇　　㊞
　　　　　　　　　監査役　〇〇〇〇　　㊞

　貴行との銀行取引（預金取引，融資取引など）に関する当社代表者が死亡しましたが，下記の株主総会および取締役会において〇〇〇〇を新代表者に選任し，貴行との銀行取引にあたることと致しましたので，〇〇〇〇とお取引くださるよう依頼します。

　新代表者の登記手続が終了次第，商業登記簿謄本，印鑑証明書など貴行所定の関係書類を直ちに提出します。

　なお，この件につき，どのような事故が生じても，私どもがいっさい責任を負い，貴行には迷惑をかけません。

記

1　平成〇〇年〇月〇日当社三階会議室で開催された株主総会
2　平成〇〇年〇月〇日当社三階会議室で開催された取締役会
　〈添付書類〉
1　株主総会議事録謄本壱通
2　取締役会議事録謄本壱通

第1章　銀行取引一般　取引の相手方の変更

（注）
1．便宜扱いであるから，現在の取締役のほか監査役も含め，全員の署名・押印を求めておく。
2．取引先を信頼できると判断したときにのみ行い，トラブルの懸念があるときには避けること。

【書式15】 職務代行者選任用念書

念　書

平成○○年○月○日

株式会社○○銀行　殿

　　　　　　　　　　住　所
　　　　　　　　　　会社名
　　　　　　　　　　取締役　○○○○　　㊞
　　　　　　　　　　取締役　○○○○　　㊞
　　　　　　　　　　監査役　○○○○　　㊞

　貴行との銀行取引（預金取引，融資取引など）に関する当社代表者が死亡しましたが，後任の新代表者が選任されるまでの期間○○○○を代表者職務代行者として貴行との銀行取引にあたることにつき，私ども一同協議のうえ決定しましたので，○○○○を代表者として取引してくださるよう依頼します。

　この件につき，どのような事故が生じても私どもがいっさいの責任を負い，貴行には迷惑をかけません。

　なお，新代表者が選任され次第，直ちにお届けします。

〈添付書類〉

職務代行者の印鑑証明書

（注）
1. 種々の事情により，新代表者が選任できない場合には，やむを得ず，職務代行者を仮に選任してもらい，その者と銀行取引を行う。
2. 前の念書（新代表者選任）のケースより，さらにリスク負担が重くなるので，信頼できる取引先であり，かつトラブル発生のおそれがないと判断したときにのみ取扱う。
3. その後の株主総会，取締役会の進捗状況を把握し，事後管理を怠ってはならない。

第1章 銀行取引一般 取引の相手方の変更

【書式16】 代表者追認用念書

念　書

平成○○年○月○日

株式会社○○銀行　殿

　　　　　　　　　　　住　所
　　　　　　　　　　　会社名
　　　　　　　　　　　代表取締役○○○　　　　㊞

　当社は，平成平成○○年○月○日より平成○○年○月○日まで貴行との銀行取引（預金取引，融資取引など）に関して，代表権限を有していない○○○○を当事者としましたが，この間のすべての銀行取引につき代表者である私がこれを追認します。

　ついては，これらの件につき，どのような事故が生じても当社および代表者において責任を負い，貴行には迷惑をかけません。

〈添付書類〉
1　商業登記簿謄本
2　印鑑証明書

(注)
1．代表者職務代行者と取引した場合に，正式の代表者が選任された後で，その追認をとる場合に使用する。
2．仮代表取締役とか表見代表取締役（専務，常務などの肩書はついているが代表権を持たないもの）と取引した場合に徴求する。

9 代表者追加・役名変更の念書

【書式17】 代表者追加届

代表者追加届

平成○○年○月○日

株式会社○○銀行　殿

　　　　　　　　　　　　　住　所
　　　　　　　　　　　　　会社名
　　　　　　　　　　　　　代表取締役　A　　　㊞

　当社は貴行との銀行取引に関する当社代表者として○○○○をお届けしておりますが、今後は○○○○をも貴行との取引代表者に加え、各自貴行と取引することにしました。社内事情により、やむをえぬ処置ですので、ご承認くだされたく、お届けします。

〈添付書類〉
1　商業登記簿謄本
2　印鑑届（新代表者）
3　印鑑証明書（新代表者）

(注)

1. 取引先の社内事情、たとえば病弱であるため、一人の代表者による単独取引では、社内業務に支障が生ずるとか海外出張などの理由があげられる。
2. 本書式ではAは既に代表権を有していることが前提となっている。
3. やむを得ない社内事情となっているが、できるだけ具体的に事情を聞き、届の余白に記録しておくとよい。
4. 納得するに足る十分な理由がない場合は、謝絶する。銀行実務上、複数の代表者が各自銀行取引を行うことはなじまないからで、リスクもあるのでなるべく採択したとしても短期間で終了するように努めたほうがよい。

第1章　銀行取引一般　取引の相手方の変更

【書式18】　役名変更届

役名変更届

平成○○年○月○日

株式会社○○銀行　殿

　　　　　　　　　　　　　　住　所
　　　　　　　　　　　　　　会社名
　　　　　　　　　　　　　　代表取締役　A　　　　㊞

　今般、貴行との銀行取引における当社代表者○○○○の役名が下記のとおり変更になりましたのでお届けします。

記

新役名　　取締役副社長
旧役名　　専務取締役
〈添付書類〉
取締役会議事録（写し）

（注）

1. 代表取締役社長はそのままで、もう一人の取引代表者である専務が副社長に昇格した場合、すなわち複数の代表者との取引が前提となっている。
2. 役名変更が代表権の喪失とつながることが考えられる場合、例えば相談役、顧問、名誉会長のときに、実際は代表取締役であっても、これを機会になるべく複数取引の解消をはかる。

第1章　銀行取引一般　取引の相手方の変更

【書式19】　代表者交替用念書

代表者変更届

平成○○年○月○日

株式会社○○銀行　殿

　　　　　　　　　　　住　所
　　　　　　　　　　　会社名
　　　　　　　　　　　代表取締役　A　　　　　㊞
　　　　　　　　　　　代表取締役　C　　　　　㊞

　当社は、貴行との銀行取引に関して、Aを代表取締役としてお届けしていましたが、このたびCがAに代わる代表取締役として就任しました。

　ついては、今後はCが代表取締役として銀行取引を行うこととしましたのでご承認くだされたく、お届けします。なお、貴行の請求があれば、直ちに貴行所定の書類を提出します。

〈添付書類〉

1　商業登記簿謄本

2　印鑑証明書（Cのもの）

3　印鑑届（Cのもの）

（注）

取引ごと（預金、融資など）の所定書類を徴求することを失念しないように注意する。

第1章 銀行取引一般 取引の相手方の変更

【書式20】 代表者廃止用念書

代表者廃止届

平成○○年○月○日

株式会社○○銀行　殿

　　　　　　　　　　　住　所
　　　　　　　　　　　会社名　　　　　　㊞
　　　　　　　　　　　代表取締役　A　　㊞
　　　　　　　　　　　代表取締役　B

　当社は，貴行との銀行取引に関する当社代表者として私どもをお届けしていましたが，このたび都合によりBは退任しました。ついては，今後はAが単独で貴行との取引にあたることになりましたのでお届けします。

　なお，貴行の請求があれば，直ちに貴行所定の書類を提出します。

〈添付書類〉
商業登記簿謄本

(注)
1．二人の代表取締役が各自銀行と取引していたのに，一人の代表取締役による単独取引に変更する場合である。
2．退任した代表取締役が在任中に振り出した手形・小切手で未決済のものがあれば，その決済に関する念書を徴求する。

10　代理人との取引と念書

　代理人が本人のために銀行と取引することによって，本人に法律効果がおよぶ制度を代理といっている。

　代理権には，法定代理と任意代理とがある。法定代理権の範囲は，それぞれの法律によって定まっている。

　これに反し，任意代理は，本人の授権内容によって定められる。代理人は，その代理権の範囲内においてのみ代理行為を行うことができる。

　代理権は，本人の死亡，代理人の死亡，破産などによって終了する（民法111条1項）。

　任意代理では，授権行為の終了によっても消滅する（民法111条2項）。ただし，商行為の委任による代理権は本人の死亡によって消滅しない（商法506条）。

　共同代理とか双方代理の禁止など代理権が制限される場合もある。

　支配人と取引する場合は，商業登記簿上登記された支配人と取引する。支店長，経理部長，会計課長名義で取引する場合には，商業登記簿上に支配人の登記がないことが多いので，その場合は，代表者から銀行取引についての代理人届を徴求のうえ取引を行う。

第1章 銀行取引一般 取引の相手方の変更

【書式21】 代理人届用念書

代理人届

平成○○年○月○日

株式会社○○銀行　殿

住　所
氏　名　○○○○　　㊞

　貴行とのいっさいの銀行取引における私の代理人を下記のとおり定めましたので，お届けします。

　ついては，下記代理人の行った行為は私がすべて責任を負い，貴行には迷惑をかけません。

記

1．代理人住所
2．代理人氏名
3．代理人との取引開始日
　　　　平成○○年○月○日

〈添付書類〉

1．代理人であることの証明書
2．代理人印鑑届

（注）

1．本人が責任を負う旨の記載を確認する。

2．この代理人届により，継続的取引が可能となる。

3．代理人届は，各行内部規程により定められている書類を徴求する。代理人印鑑届には代理人との取引印および本人の署名・押印（取引印）のあることを確認する。

第1章 銀行取引一般 取引の相手方の変更

【書式22】 支配人選任届

選 任 届

平成○○年○月○日

株式会社○○銀行　殿

　　　　　　　　　　　住　所
　　　　　　　　　　　会社名
　　　　　　　　　　　代表取締役○○○○　　㊞

　当社は，当社○○支店支店長Ａを支配人として選任し，いっさいの銀行取引を含む同店営業に関するいっさいの行為を委任し，同人に復代理人を選任する権限を付与しましたからお届けします。

〈添付書類〉
1．商業登記簿謄本
2．支配人印鑑届

(注)
1．支配人との取引には，代表者からの代理人届は必要ない。
2．本店営業部長支店長などの名称を有する使用人は，本店または支店の支配人と同一の権限を有するものとみなされる。ただし，裁判上の行為についてはこの限りではない（会社法13条），多くの支店長などは支配人登記のない表見支配人となる。判例をみると，支店管下の一出張所であるが，本店から離れて独自の営業活動を決定し，対外的にも取引し得る地位にあったと認められるときは，支店と解してよく，同出張所長は表見支配人に該当するとしたものがある（最判昭和39.3.・10民集18巻3号458頁）。
　表見支配人にあたらないとされた判例として「商法42条（会社法13条）にいう本店または支店とは商法上の営業所としての実質を備えているもののみを指称し，生命保険相互会社の支社は新規契約の募集と第一回保険料徴収の取次ぎがその業務のすべてであって，一定の範囲で対外的に独自の事業活動をなすべき従たる事務所としての実質を備えていないから，同支社長は支店の営業の主任者に準ずるものとはいえない」としたものがある（最判昭37.・5・1民集16巻5号1031頁）

第2章

預金取引と念書の取扱い

第2章 預金取引と念書の取扱い

1 便宜支払いと免責約款

1 念書が必要となる場合

　不特定多数の顧客と取引している銀行にとって，預金債権が指名債権であるところから，真実の預金者に払戻さなければ免責されないというのが原則である。

　しかし，実務上，真実の預金者か否かを確認すること困難である。かりに，判断を誤り，無権利者に払戻せば，真実の預金者に二重払いをしなければならないことになる。このリスクを避けるため，銀行は預金規定に免責約款をおき「通帳（証書）の提示」と「届出印鑑との印鑑照合」を相当の注意をもって行ったうえ，預金を払戻せば，たとえ無権利者に払戻したとしても，銀行は責任を免れると特約している。

　しかし，通帳（証書）と届出印の提示がないか，そのいずれかの提示がない場合には，この免責約款の適用はない。この場合には，民法478条の「債権の準占有者に対する弁済」の規定に該当すれば，銀行は無権利者に払戻しても免責を受けることができる。

　預金の免責約款や民法478条の規定が適用されるためには，銀行が善意・無過失でなければならない。

　このため，銀行が無過失であることを立証し，リスク管理のため「念書」が必要となるのである。

第2章 預金取引と念書の取扱い

【書式23】 無通帳取扱用念書

念　書

平成○○年○月○日

株式会社○○銀行　殿

　　　　　　　　　住　　所
　　　　　　　　　氏　　名　　　　　　　㊞
　　　　　　　　　住　　所
　　　　　　　　　保証人　　　　　　　　㊞

　下記私名義の預金口座より，預金を払戻すについては，普通預金規定（または総合口座取引規定）に基づき通帳（または証書）を提出すべきところ，特別の取扱いをもって，無通帳による支払いを依頼します。

　本取扱いにつき，後日事故が生じましても，私がその責任を負い，貴行には迷惑をかけません。

　なお，通帳は，遅滞なく提出します。

　念のため本書を差入れます。

記

1．普通預金口座番号
2．払戻日
3．払戻金額
4．無通帳の理由

第2章 預金取引と念書の取扱い

(注)
1. 通帳(証書)は証拠証券として預金を払戻すにつき重要な意味をもつが,通帳(証書)の所在がわからず,急に資金が必要になったようなときに使用する。
2. 喪失したことがはっきりしているような場合には,別に再発行の手続をとる。
3. 便宜的な支払いでも,リスクは銀行が負担しているので,面識のある預金者など信用確実で,後日トラブルを生じない取引先に限定して取扱う。

【書式24】 無印章扱用念書

念　書

平成〇〇年〇月〇日

株式会社〇〇銀行　殿

　　　　　　　　　　　　　住　　所
　　　　　　　　　　　　　氏　　名　　　　　　㊞
　　　　　　　　　　　　　住　　所
　　　　　　　　　　　　　保証人　　　　　　　㊞

　下記私名義の預金口座より，預金を払戻すについては，普通預金規定（または総合口座取引規定）に基づき払戻請求書に届出の印章により署名（記名）押印し提出すべきところ，特別の取扱いをもって無印章による支払を依頼します。

　ただし，払戻請求書の署名は私のものに相違ありません。

　本取扱いにつき後日事故が生じましても，私がその責任を負い，貴行には迷惑をかけません。

　なお，印章は遅滞なく提出します。

記

1．普通預金口座番号
2．払戻日
3．払戻金額
4．無印章の理由

第2章 預金取引と念書の取扱い

(注)
1．印章の所在がわからず，急に資金が必要になったようなときに使用する。
2．喪失したことがはっきりしているようなときは，別に喪失届を提出してもらい所定の手続をとる。
3．リスクは，銀行が負担するので，面識ある預金者など後日トラブルを生じない取引先に限定して取扱う。

第2章 預金取引と念書の取扱い

【書式25】 便宜取扱後の喪失用念書

念　書

平成○○年○月○日

株式会社○○銀行　殿

　　　　　　　　　　　住　　所
　　　　　　　　　　　氏　　名　　　　　　　　㊞
　　　　　　　　　　　住　　所
　　　　　　　　　　　保証人　　　　　　　　　㊞

　下記預金については，平成○○年○月○日貴行より無通帳により便宜扱いをもって払戻しを受けましたが，その後私どもで普通預金通帳を紛失し，貴行に提出不可能となりましたのでお届けします。

　ついては，本件に関し，後日どのような事故が生じても私どもがその責任を負い貴行には迷惑・損害をかけません。

　なお，通帳を発見のうえは，直ちに提出します。

記

1．預金の種類
2．番号
3．払戻金額

（注）
1．払戻請求時点で通帳を提出できず，さがせば出てくると思っていたところ，いくらさがしても見当たらないというような場合に提出を受ける。
2．外出中に喪失したことがはっきりした場合に提出を受ける。

第2章 預金取引と念書の取扱い

【書式26】 災害罹災者用念書

念　書

平成〇〇年〇月〇日

株式会社〇〇銀行　殿

　　　　　　　　　　　　　住　所
　　　　　　　　　　　　　氏　名　　　　　　㊞
　　　　　　　　　　　　　住　所
　　　　　　　　　　　　　保証人　　　　　　㊞

　私は今般の地震による火災により，預金通帳と届出印章を喪失しましたので，預金約款の諸規定にかかわらず，特別の取扱いをもって，無通帳，無印章により下記の私名義の預金より金〇〇〇円也の払戻し（解約）を依頼します。

　ついては，喪失した預金通帳，届出印章を発見したときは，直ちに貴行に提出します。この払戻しにより後日事故が生じた場合には，私および保証人が連帯して責任を負い，貴行には迷惑をかけません。

記

1．預金の種類
2．預金口座番号
3．払戻日
4．罹災の事実
5　罹災証明書

第2章 預金取引と念書の取扱い

(注)
1．地震，水害，火災などの災害により罹災した預金者に対し緊急に預金を払戻すときに提出を受ける。
2．通帳，印章喪失，再交付などの所定の手続を省略して払戻す場合に使用する。
3．市区町村，消防署などの発行する罹災証明書により罹災の事実を確認する。
4．拇印により押印に代えても，自署は必ず必要である。

2 便宜支払いの注意点

(1) 銀行のリスク

便宜支払のケースには，通帳（証書）がない場合，印章だけがない場合，通帳（証書）の双方がない場合がある。しかし，その法律関係はすべて同じである。

便宜支払であっても，真実の預金者に払戻したものであれば，有効であり問題は生じない。

しかし，後日トラブルが生じた場合には，正規の手続によらない取扱いであるから，銀行はリスクを負担する。

(2) 真実の預金者

過去の判例をみると，預入手続の際に同行したが，現実に預入手続をしていない者から，預入日の翌日に通帳・印章の紛失届を受け，届出日の翌々日に再発行した通帳と新印鑑により預金の払戻しを行った場合に銀行の払戻しを無効としたもの（最判昭41・11・18金商判38号2頁）や無通帳・無印章で，電話の依頼に基づき他の預金に振替え，トラブルになったケースでも，銀行の払戻しは無効とされている（東京地判昭61・10・27金商判758号30頁）。

このように，銀行にとって，便宜支払いを行うことはリスクを伴うものであるから，慎重に取扱うことが必要である。

2 真実の預金者の認定と念書の取扱い

　真実の預金の認定基準については，客観説，主観説，折衷説がある。
　客観説とは，出捐者（しゅつえんしゃ）をもって，真実の預金者と認定するもので，「当該預金を自己の預金とする意思で，金員を預け入れた者」とか「特別の事情のない限り，現に自らの出捐によって，銀行に対して本人自ら，または代理人，使者を通じて預金契約をした者」をもって真実の預金者と認定する説である。
　主観説とは，預入行為者をもって真実の預金者とみる説であるが，何らかの意思表示がなされた場合には，それらを判断して真実の預金者を認定する説である。
　折衷説とは，本来は出捐者が真実の預金者になるのであるが，その預入手続において，その手続をした者を預金者とみざるを得ないような事情のあったときは，その手続をした者が真実の預金者になるというものである。
　通常の預金取引では，出捐者，預金行為者，預金名義人が同一であることが多く，あまり問題にならないのが普通であるが，この三者が異なっている場合に銀行がトラブルに巻込まれたり，厄介な問題が生ずることになる。そこで，このリスクを避けるため「念書」を徴求することが重要である。

第2章 預金取引と念書の取扱い

【書式27】　第三者名義払戻用念書

念　書

平成○○年○月○日

株式会社○○銀行　殿

　　　　　　　　　　　　住　所
　　　　　　　　　　　　氏　名　A　　　　　　　　㊞

　私は，貴行にB名義で定期預金（定期預金番号○○○○，金○○○万円也，満期日平成○○年○月○日）を預入れしていますが，このたび期日が到来し，元利金を受取るについては，次の事項を確約します。

記

1．真実の預金者は私であり，預金名義人は預金債権と何らの関係はありません。
2．かりに，預金名義人から貴行の取扱いに関し，何らかの申出がありましたら，直ちに私にご連絡ください。私において，全責任をもって解決し，貴行には何らの迷惑，損害をかけません。

（注）
1．預金の出捐者と名義人が異なるときに，預金を出捐者に払戻す場合である。
2．定期預金の証書裏面の受領欄とか払戻請求書の署名欄には「BことA」と署名してもらうこと。

第2章 預金取引と念書の取扱い

【書式28】 第三者に払戻す場合の「念書」

念　書

平成○○年○月○日

株式会社○○銀行　殿

　　　　　　　　　　住　所
　　　　　　　　　　氏　名　A　　　　㊞

　私名義の定期預金（定期預金番号○○○○，金○○○万円也，満期日平成○○年○月○日）はBが貴行に預入れしたもので，私はこの預金に対して何らの権利もありません。

　ついては，貴行がこの預金の元利金をBに支払われることに同意します。

　もし，本件に関し，将来何らかの紛議が生じた場合には，私において責任をもって解決し，貴行には何らの迷惑，損害をかけません。

（注）
1. 実務上は，婚姻中で一方が他方の名義で預金した場合に，離婚などの問題が生ずるとトラブルが生ずることがある。このような場合に，徴求する。
2. Aから印鑑証明書の提出を受け，署名を徴求できればなおよい。

第2章 預金取引と念書の取扱い

【書式29】 第三者受益用念書

念　書

平成〇〇年〇月〇日

株式会社〇〇銀行　殿

住　所
預金者　　　　　　　　　㊞

住　所
預金受益者　　　　　　　㊞

　預金者は，このたび貴行に積立定期預金（1回〇〇万円，積立日および積立回収は任意）を始めることになりました。これは，預金受益のために積立てるものです。ついては，預金受益者の名義で証書（通帳）を作成し，預金者に交付されるよう依頼します。
　なお，この預金の解約，元利金受取りに関する権限は，いっさい預金受益者にあることを承諾します。
　預金受益者は，預金者と貴行との約旨を了承し，ここに受益の意思があることを表明します。

（注）
1．預金者と受益者が成年者であり，預金交付に関する基本契約が存在している場合には，銀行は，第三者（受益者）より給付の請求を受ける（民法537条1項）。
2．親が子供の進学資金を子供名義で積立てるような場合には，親権者＝出損者＝預入行為者でこの「念書」を特に徴求する必要はない。

3　その他の特殊取引と念書

1　連名預金の念書

　　【書式30】　連名預金用念書

念　書

平成〇〇年〇月〇日

株式会社〇〇銀行　殿

　　　　　　　　住所
　　　　　　　　氏名　A　　　　　㊞
　　　　　　　　住所
　　　　　　　　氏名　B　　　　　㊞

　今般，貴行に対し私ども両者の名義により定期預金（（定期預金番号〇〇〇〇，金〇〇〇万円，満期日平成〇〇年〇月〇日）を預入れするについては，預金規定のほか，後記事項を特約します。

記

1．本預金の払戻請求は，払戻請求書に私ども両者が連名にて押印したものによるほかは行いません。
2．前項の形式で払戻請求を行ったときは，私どものうちいずれか一名が単独で預金証書および払戻請求書を提出した場合でも払戻しに応じられたく，この支払いについては，私ども両者は何ら異議を述べません。
3．私ども両者およびその承継人は，事情のいかんを問わず，本預金の分割請求はしません。

第2章 預金取引と念書の取扱い

(注)
1. 連名預金の法的性質については,共有か合有かなど問題がある。
　　一口座一取引先を原則とすべきである。しかし,どうしても応じなければならない場合にはこの「念書」を徴求する。
2. 共同工事業者が工事代金の振込口座を開設するような場合に利用されることがある。

第2章 預金取引と念書の取扱い

【書式31】 代理人届（共同代表の場合）

代理人届

平成○○年○月○日

株式会社○○銀行　殿

　　　　　　　　　　　住　所
　　　　　　　　　　　会社名
　　　　　　　　　　　取締役○○○○　　　　㊞
　　　　　　　　　　　取締役○○○○　　　　㊞

　貴行との当座勘定取引について，代理人を後記のとおり定めました。ついては，その代理人が記名・押印した手形・小切手については，当社がいっさいその責を負い，貴行には何らの迷惑，損害をかけません。

　念のため，本書を差入れます。

（注）
1．預金取引すべてという代理権の範囲は包括的にすぎるので，なるべく，預金取引のうち，「当座取引」とか「普通預金取引」として，その範囲を絞った方がよい。
2．取締役全員の印鑑証明書，定款，登記簿謄（抄）本を徴求する。

4 取引先の変動と念書

1 合併があった時の念書

合併とは、2つ以上の会社（株式会社および持分会社）が契約により1つの会社になることをいう（会社法248条前段）。

合併には、吸収合併と新設合併とがある。

① 「吸収合併」とはA社とB社が合併してA社が存続し、B社が解散して消滅する型のものをいう。

② 「新設合併」とは、A社とB社が合併してC社という新会社を作り、A社とB社が解散して消滅する型のものをいう。

いずれの型の合併であっても、解散した会社の権利、義務はすべて存続する会社に包括的に承継される（会社法2条27号、28号）。

吸収合併については、登記日ではなく、吸収合併契約に定めた一定の日においてその効力が生ずる（会社法750条1項、752条1項）。

●吸収合併

　　A社＋B社＝A社

●新設合併

　　A社＋B社＝C社

2 債権者の異議

会社の合併は、債権者の利害に影響を与えるので、会社法は債権者が消滅会社に対し吸収合併について異議を述べることができるとしている

（会社法789条1項）。

　消滅会社は、債権者が一定の期間内に異議を述べることが旨（ただしこの期間は1カ月を下ることはできない）を各債権者に対して個別に催告したり、公告しなければならない（同条2項）。

しかし、知れている債権者（消滅会社の債権者）に対する個別の催告は、会社にとって負担が重くなることから、消滅会社が合併公告を官報のほか定款で定めた時事に関する事項を日刊新聞紙に掲載する方法か電子公告による方法をとったときは、個別の催告を要しないとされた（同条3項、同法939条1項）。

　銀行としては、これに対応するため、融資先の定款をよく調査し、チェックしておく必要がある。個別催告がないので、銀行の知らないうちに融資先の合併が完了してしまう可能性があるからである。

　銀行は、合併により債権保全に問題は生じないか否か検討し、異議があれば、直ちに異議を述べる。銀行が異議を述べると、消滅会社は①銀行に弁済する②相当の担保を銀行に提供する③銀行に弁済を受けしむることを目的として信託会社に相当の財産を信託するという3つの方法の何れかをとらなければならない（同条5項）。

【書式32】 合併異議申立書

合併異議申立書

　当行は，貴社が〔(注) 1.　　〕と合併することに異議がありますので，〔(注) 2.　　〕によりご通知いたします。
　ついては，貴社が合併を実行される場合は当行の貴社に対して有する後記債権につき至急ご返済（または担保提供方）ご配慮願いたく，平成○○年○月○日の催告に対しご請求いたします。

　　　　　　　　　　　　　　　　　　　　　平成○○年○月○日
　　　　　　　　　　　　　　　　　　　　　住所
　　　　　　　　　　　　　　　　　　　　　株式会社○○銀行○○支店
　　　　　　　　　　　　　　　　　　　　　支店長　　　　　　　㊞
○○株式会社
代表取締役○○○○殿
　　　　　　　　　　　　　　　記

〔債権の表示（略）〕

(注)
1．相手方の会社名を記入する。
2．会社法789条などと法律の根拠を、それぞれのケースに応じて記入する。
3．配達証明付内容証明郵便で異議申立期間内に相手方に必着するように発送する。

【書式33】 吸収合併用念書

念　書

平成〇〇年〇月〇日

株式会社〇〇銀行　殿

　　　　　　　　　住　所
　　　　　　　　　Ａ株式会社
　　　　　　　　　代表取締役　　　　　　　㊞
　　　　　　　　　住　所
　　　　　　　　　Ｂ株式会社
　　　　　　　　　代表取締役　　　　　　　㊞

　ＡとＢは，きたる平成〇〇年〇月〇日を合併期日とし，Ａを存続会社，Ｂを消滅会社として合併することとなりました。合併登記完了後に商業登記簿謄本などを提出しますが，合併期日以降，貴行との取引は下記のとおり取扱われたくＡ・Ｂ連署をもって依頼します。

　なお，この取扱いによって後日いかなる事態が生じても，Ａにおいてその責に任じ，貴行には迷惑をかけません。

記

1．貴行におけるＢ名義の預金をＡ名義に変更すること。
2．Ｂが振出した小切手，約束手形または引受けた為替手形が支払いのため呈示されたときは，Ａ名義の当座勘定から引落すこと。
3．前項の取扱いについてはＡの承認した貴行所定の当座勘定規定の適用があること。
4．Ｂあての当座口振込金はＡ名義の口座に入金すること。
5．その他の取引については，合併登記完了後と同様に取扱うこと。

（注）
1．合併の効力の発生時期は合併登記の日ではなく，合併契約書で定めた一定の日である。
2．本書式例は吸収合併のときのものである。

第2章 預金取引と念書の取扱い

【書式34】　新設合併用念書

念　書

平成○○年○月○日

株式会社○○銀行　殿

　　　　　　　　　　住　所
　　　　　　　　　　Ｃ株式会社
　　　　　　　　　　代表取締役　　　　　　㊞

　Ａ株式会社とＢ株式会社は平成○○年○月○日付をもって合併し，Ｃ株式会社を新設することになりました。
　つきましては，同日以降の貴行との取引は下記により取扱われるよう依頼します。なお，この取扱いによって後日いかなる事態が生じても，Ｃ株式会社において責任を負い，貴行に迷惑をかけません。

記

1．ＡおよびＢが振出し，引受，裏書または保証した小切手，約束手形ならびに為替手形で貴行を支払場所としたものは，今後Ｃの預金口座より引き落すこと。
2．ＡおよびＢあての振込金はＣあてに振込まれたものとして取扱うこと。
3．貴行に対するＡおよびＢの債務はＣの債務として取扱うこと。
4．貴行に対するＡおよびＢ差入れの担保物件はＣ差入れの担保物件とみなして取扱うこと。
5．前各号のほかＡとＢの貴行に対するいっさいの取引はＣの新設登記完了後と同様に取扱うこと。

(注)
1．本書式例は預金、融資取引ともにある場合である。
2．従来の預金口座は解約し、新設会社名義の口座を開設する。
3．約定書、届出書などは新規取引同様にもらいなおす。

第2章 預金取引と念書の取扱い

【書式35】 振込金処理用念書

念　書

平成〇〇年〇月〇日

株式会社〇〇銀行　殿

　　　　　　　　　住所
　　　　　　　　　株式会社A
　　　　　　　　　代表取締役　〇〇〇〇　　㊞

　下記の振込金は当社あてのものに相違ありませんので，貴行における当社名義当座預金口座にご入金ください。
　この入金により将来事故などが生じた場合は，その事由のいかんにかかわらず当社においてその責を負い，貴行には迷惑をかけません。

記

1．被振込人名義　B
2．金額
3．振込人
4．振込銀行

(注)
1．合併前のB名義で振込がある場合に本書式例のような個別処理用の念書で振込金を取扱ってもよい。
2．振込銀行（仕向銀行）あてに「被振込人名義は会社合併によりA社に変更した」旨と入金の諾否を照会すれば実務処理としてはなおよい。

2 法人成り（手形・小切手用紙継続使用の場合）

法人成りとは，個人経営を法人組織にすることである。

個人と法人では，法律的には別人格であるから，通常の事務手続としては，個人口座を解約して法人名義で新規口座を開設する。

しかし，実務では，従来の小切手や預金口座をそのまま使用したいとの要望がある場合がある。

3 会社が「組織変更」した場合の念書

組織変更とは、株式会社がその組織を変更して持分会社（合名会社、合資会社、合同会社）となること、および持分会社がその組織を変更して株式会社となることをいう（会社法2条26号）。

このように、組織変更の許容範囲が拡大され、株式会社と持株会社との間の組織変更もできるようになった。

持分会社間の変更、つまり合名会社から合資会社への変更は、組織変更ではなく、定款変更の一つとして位置付けられている（会社法638条、639条）。

また、担保・保証にも影響はない。

したがって、すでに徴求済の約定書などはそのままでさしつかえないが、変更後の商業登記簿謄本を添付のうえ、変更届を徴求し確認しておくべきである。

なお、融資の場合、根抵当権の債務者あるいは設定者について、組織変更があった場合には、必要に応じて、変更・処分の際に、債務者あるいは所有者（担保設定者）の表示の変更登記をしておけばよい。

第2章 預金取引と念書の取扱い

【書式36】 手形・小切手用紙継続使用の念書

念　書

平成○○年○月○日

株式会社○○銀行　殿

　　　　　　　　　　　住　　所
　　　　　　　　　　　氏　名　　Ａ　　　　　　㊞
　　　　　　　　　　　住　　所
　　　　　　　　　　　株式会社　Ｂ
　　　　　　　　　　　代表取締役Ａ　　　　　　㊞

　平成○○年○月○日Ａ名義当座勘定取引を解約のうえ株式会社Ｂ名義にて新規取引を開始しましたが，それ以前にＡが貴行より交付を受けた下記手形小切手帳を株式会社Ｂが譲り受け使用したく思いますのでご承認ください。

　なお，本件に関し，今後どのような事故が生じても，私どもにおいて責任を負い，貴行に対しては迷惑をかけません。

記

1．手形帳　No.1～No.50
2．小切手帳　No.1～No.50

(注)
1．個人に対する未使用の手形・小切手用紙を会社が使用したいとの要望がある場合に使用する。
2．個人取引当時の未使用手形・小切手用紙は回収し，あらためて株式会社Ｂに交付するのが一般的な取扱いである。
3．取引先の信用度からみてトラブルにならないと判断した場合に限り取扱う。

【書式37】 株式会社への変更用念書

念　書

平成〇〇年〇月〇日

株式会社〇〇銀行　殿

　　　　　　　　　　　住　所
　　　　　　　　　　　A株式会社
　　　　　　　　　　　代表取締役　　　　　　㊞

　貴行と当座取引をしていました合名会社〇〇〇〇は、平成〇〇年〇月〇日の社員総会において、株式会社に組織を変更することを総社員の一致によって決議しました。

　ついては、合名会社〇〇〇〇代表社員〇〇〇〇名義をもって提出、引受した手形・小切手は今後株式会社〇〇〇〇名義の口座にて決済してくださるよう依頼します。

　本件につき、万一事故が生じても、当社において責を負い、貴行に対しては、迷惑をかけません。

　なお、登記完了しだい、商業登記簿謄本、印鑑証明書などを提出します。

〈添付書類〉
総会の決議議事録謄本

第2章　預金取引と念書の取扱い

(注)
1．持分会社の組織変更は、組織変更計画について、総社員の同意を得なければならない。
2．株式会社を設立し、持分会社の資産や営業を譲渡するケースがあるが、その場合は法人格は別であるから株式会社との新規取引開始の取扱いを行う必要がある。

第2章 預金取引と念書の取扱い

【書式38】　合資会社への変更用念書

念　書

平成〇〇年〇月〇日

株式会社〇〇銀行　殿

住　所
B合資会社
代表社員　　　　　　㊞

　貴行と当座取引をしていました合名会社〇〇〇〇は、平成〇〇年〇月〇日の総社員の同意により合資会社に種類変更することになり、平成〇〇年〇月〇日付をもって登記を完了しました。

　ついては、合名会社〇〇〇〇代表社員名義をもって拠出・引受した手形・小切手は、新会社名義の口座にてご決済くださるよう依頼します。

　本件につき、万一事故が生じても、当社において、その責を負い、貴行に対しては迷惑をかけません。

〈添付書類〉
1．商業登記簿謄本
2．印鑑証明書
3．新定款

(注)
1．合名会社が合資会社に組織変更するということは、無限責任社員のほかに有限責任社員を加入することである。
2．合資会社が合名会社に組織変更するには、有限責任社員がいなくなることである。
3．合資会社の商業登記簿謄本により、種類変更を確認する。
4．新定款も徴求しておく。

5. 商号、印章も変更されるので、印鑑証明書により確認するとともに新たに印鑑届の提出を受ける。
6. 法人格の同一性は維持されるので、旧約定書は有効であるものの、実務上は新たに徴求しておくほうがよい。

4　会社の解散と預金取引の念書

　会社の解散とは、ある法律上の事実により会社の法人格が消滅することをいう。

　株式会社の解散事由は、定款で定めた存続期間の満了、定款所定の解散事由、合併、破産、解散を命じる判決、株主総会の決議である（会社法471条）。

　持分会社の解散事由は、定款所定の解散事由、定款で定めた存続期間の満了、総社員の同意、社員が欠けたこと、合併、破産、解散を命ずる判決である（会社法641条）。

第2章 預金取引と念書の取扱い

【書式39】 清算後支払用念書

念　書

平成〇〇年〇月〇日

株式会社〇〇銀行　殿

　　　　　　　　　　　　　住　所
　　　　　　　　　　　　　氏　名　　　　　㊞
　　　　　　　　　　　　　住　所
　　　　　　　　　　　　　保証人　　　　　㊞

　株式会社〇〇〇〇は，平成〇〇年〇月〇日付で清算結了の登記がなされておりますが，貴行に対し下記預金が残されておりますので，お支払いくださるよう依頼いたします。

　なお，この支払いにつきまして，万一事故が生じたり，異議を申立てる者があった場合には，私どもがすべて責任を負い，貴行に対し迷惑をかけません。

(注)
1. 会社が解散すれば、取締役が清算人となり（会社法475条）、清算事務にあたる。したがって、預金が清算終了後に残ることは通常はあり得ないが、少量のものか、簿外のもので清算からもれることもあり得る。
2. 本来は、株主総会に報告書を提出して、預金の処分について承認を求めるべきであるが、保証人が信用ある取引先であり、やむを得ないと判断した場合には便宜扱いで処理する。

第2章 預金取引と念書の取扱い

5 取引承継（新会社への預金取引の継続）

【書式40】 取引承継用念書

念　書

平成〇〇年〇月〇日

株式会社〇〇銀行　殿

　　　　　　　　　　　　住　所
　　　　　　　　　　　　氏　名　A　　　　　　㊞
　　　　　　　　　　　　住　所
　　　　　　　　　　　　株式会社　B
　　　　　　　　　　　　代表取締役　A　　　　㊞

　貴行とAは，平成〇〇年〇月〇日付当座勘定取引契約により取引しておりましたが，今般株式会社Bを設立し，平成〇〇年〇月〇日設立の登記を完了しました。

　ついては，Aは貴行に対する平成〇〇年〇月〇日現在の当座預金残高金〇〇〇万円也を株式会社Bに譲渡し，同社がいっさいの権利義務を承継することとなりました。

　なお，すでにA名義で振出，引受しました別紙明細書記載の手形・小切手は，本日以降株式会社Bの当座勘定口座で決済してください。また，Aあての振込金は，すべて株式会社Bあての振込金として処理してください。

　本件については，どのような事故が生じましても私どもが責任を負い，貴行に対して迷惑はかけません。

　〈添付書類〉
1．営業ならびに権利・義務譲渡契約書（写）
2．商業登記簿謄本
3．新会社代表者の印鑑証明書

第2章 預金取引と念書の取扱い

(注)
1. 新会社を設立し,旧会社の営業や権利義務を新会社に譲渡する事実上の組織変更や個人が法人成りした場合にこの念書を徴求する。
2. 事実上の組織変更のときは,住所,氏名Aとなっているのを旧会社名にする。
3. 法人成りの場合は,個人と法人の人格が全く異なるので,通常は個人口座を解約し会社名義で新規に口座を開設するのが通常の取扱いである。
4. しかし,個人営業をすべて停止するわけではなく個人経営当時の手形・小切手の決済も必要となるので本念書を徴求し対応する。

第2章 預金取引と念書の取扱い

6 法人成り後に振込みがあった場合

【書式41】 振込金処理用念書

念 書

平成〇〇年〇月〇日

株式会社〇〇銀行　殿

　　　　　　　　　　　　　住　所
　　　　　　　　　　　　　氏　名　A　　　　　　　㊞
　　　　　　　　　　　　　住　所
　　　　　　　　　　　　　株式会社　B
　　　　　　　　　　　　　代表取締役　A　　　　　㊞

　今般，株式会社Bを設立したのにともない，Aの有するすべての売掛金等の債権を株式会社Bに譲渡し，同社がすべてを承継することになりました。
　つきましては，今後Aあての当座預金口座に振込みがあった場合には，株式会社Bあてのものとして取扱い，株式会社Bの当座預金口座にご入金ください。
　本取扱いにつき，万一事故が生じましたときは，本入金処理を取消しされても異議ありません。貴行からの請求があれば，直ちに同金額を返済し，貴行には何ら迷惑をかけません。
　〈添付書類〉
営業ならびに権利・義務譲渡契約書（写）

第2章 預金取引と念書の取扱い

(注)
1．個人Aの売掛債権は，法人成りしたとしても，会社に当然に移転しない。
2．個人Aの売掛債権を会社に譲渡するには，個人AからAの債務者に対して，会社に譲渡した旨の通知をするか，または，債務者の承諾をとらなければならない（民法467条）。
3．本念書は，この手続を省略し，Aからの依頼により銀行の事務処理により解決しようとするものである。
4．この処理により，取引先の手続負担は軽減するものの，銀行のリスク負担は重くなるので，取引先の信用度などを判断して対応する。

7 合併による存続会社と取引がある場合

【書式42】 会社合併用念書

念　書

平成〇〇年〇月〇日

株式会社〇〇銀行　殿

　　　　　　　　　　　住　所
　　　　　　　　　　　Ａ株式会社
　　　　　　　　　　　代表取締役　　　　　㊞
　　　　　　　　　　　住　所
　　　　　　　　　　　Ｂ株式会社
　　　　　　　　　　　代表取締役　　　　　㊞

　ＡとＢとは，平成〇〇年〇月〇日を合併期日とし，Ａを存続会社，Ｂを消滅会社として合併し，商号をＣ株式会社と変更することになりました。

　合併登記完了後に商業登記簿謄本を提出しますが，合併期日以降は貴行との取引は下記のとおり取扱われたく，Ａ・Ｂ連署をもって依頼します。

　なお，この取扱いによって，後日いかなる事態が生じても，Ｃ株式会社において，その責に任じ，貴行には迷惑をかけません。

記

1．貴行におけるＡ名義の預金をＣ名義のものとして取扱うこと。
2．Ａが振出した小切手，約束手形または引受けた為替手形が支払呈示されたときは，Ｃ名義の当座勘定から引き落とすこと。
3．前項の取扱いについてはＡの承認した貴行所定の当座勘定規定の適用があること。
4．Ａあての当座口振込金はＣ名義の口座に入金すること。
5．その他の取引については，合併登記完了後と同様に取扱うこと。

第2章 預金取引と念書の取扱い

(注)
1．合併により権利・義務は包括的に存続会社または新設会社に移転する。
2．本書式例は，存続会社と預金取引があり，消滅会社とはなかったケースである。
3．合併の効力が発生するのは、合併登記の日ではなく、合併契約で定めた一定の日にその効力が生ずる（会社法750条1項、752条1項）。

5 便宜扱いと念書

<無通帳払戻し・定期預金の中途解約など>

　預金取引のなかで，便宜扱いとしてよく見られるのは，普通預金の便宜扱いによる支払いと定期預金の中途解約である。

　普通預金の便宜扱いによる払戻しとは，銀行のリスク負担により，正規の手続の全部または一部を欠いたまま払戻しに応ずることである。

　定期預金の中途解約については，満期後に比べて注意義務が加重されると解する説が多い。

　その理由としては，定期預金の債務者は銀行であり，期限の利益は債務者にあると推定されている（民法136条1項）ので，銀行が弁済する義務のない預金の払戻しを，期限の利益を放棄してまで行うこと。また，満期前の預金の払戻しについては盗難などの事故の確率が高く，預金者は期日までは，他人により払戻しされないものとして銀行を信頼しているわけであるから，その預金者の信頼を保護すべきであることなどがあげられている。

第2章 預金取引と念書の取扱い

【書式43】 払戻依頼書（無通帳扱用）

払戻依頼書

平成〇〇年〇月〇日

株式会社〇〇銀行　殿

　　　　　　　　　　　　住　　所
　　　　　　　　　　　　氏　　名　　　　　　㊞
　　　　　　　　　　　　住　　所
　　　　　　　　　　　　保証人　　　　　　　㊞

　下記私名義の預金口座より預金を払戻すについては，普通預金規定（または総合口座取引規定）に基づき通帳を提出すべきところ，特別の取扱いをもって，無通帳による支払いを依頼します。

　本取扱いによって生じたすべての事故については，私が責任を負い，貴行には迷惑をかけません。

　なお，通帳は，直ちに提出します。

記

1．普通預金口座番号
2．払戻日
3．払戻金額
4．預金残高
5．無帳の理由

（注）

1．通帳は証拠証券としての意味を持ち，通帳と届出印の提出を受けることが預金規定の免責約款が適用される前提である。したがって，無帳であることは，免責約款が適用されないので銀行のリスクにおいて便宜扱いをすることになることを念頭におかなければならない。

2．本書式例は，通帳の保管者が外出中であるなどで所在がわからない場合などで急に資金が必要になったときに使用する。

第2章 預金取引と念書の取扱い

【書式44】 便宜扱い後に通帳を喪失した場合の念書

念　書

平成〇〇年〇月〇日

株式会社〇〇銀行　殿

　　　　　　　　　　　住　　所
　　　　　　　　　　　氏　　名　　　　　㊞
　　　　　　　　　　　住　　所
　　　　　　　　　　　保証人　　　　　　㊞

　下記預金については，平成〇〇年〇月〇日，貴行より無帳扱いをもって払戻しを受けましたが，その後，私が普通預金通帳を紛失し，貴行に提出不可能となりましたのでお届けします。

　ついては，本件に関し，どのような事故が生じても私が責任を負い，貴行には迷惑をかけません。なお通帳が発見されたときは，直ちに提出します。

記

1．預金の種類
2．口座番号
3．預金残高

(注)
　払戻請求のとき通帳を提出できないものの，後日提出できると思っていたが，喪失した場合に提出を受ける。

【書式45】　中途解約用依頼書

中途解約依頼書

平成○○年○月○日

株式会社○○銀行　殿

　　　　　　　　　　　住　所
　　　　　　　　　　　氏　名　　　　　　　㊞

　下記の私名義の定期預金について，下記理由のため，期限前払戻しを依頼します。
　なお，本件について，後日問題が生じた場合には，私において処理し，貴行に対して迷惑・損害をかけません。

記

1．種類・番号　定期預金No.
2．金額
3．作成年月日　平成○○年○月○日
4．支払期日　平成○○年○月○日
5．理由

6 預金債権の譲渡と念書の取扱い

1　預金債権の譲渡とは

　預金債権の譲渡とは，預金者が銀行に対して有する預金債権を同一性を保ちながら第三者に移転させることをいう。

　一般に，債権はその性質が譲渡を許さないものでない限り，譲渡性があるものとされている（民法466条1項）。しかし，当事者が譲渡禁止の特約をすることは可能である。

　預金債権も指名債権であるから，譲渡はできる。しかし，大量取引をしている銀行としては，預金債権が転々と譲渡されることが可能ということになると，それぞれの譲渡が有効か無効か，また譲渡人と称する者が真の権利者かなどの確認に手間どり，直ちに預金の払戻しができないことになる。これでは，預金者も銀行も不便であり，事務処理上の不都合が生ずることになる。

　そこで，銀行と預金者との特約によって「譲渡禁止の特約」をしている（民法466条2項）。この規定によれば，この「譲渡禁止の特約」を知らない（善意）譲受人には対抗できないとされている。しかし，現在では，銀行の預金債権に「譲渡禁止の特約」があることは誰でも知っていると解されているので，このような効力が認められることはないと考えてよい。

2　譲渡の手続

　譲渡の手続については，民法467条に従って行う必要がある。すなわち，譲渡人である預金者から債務者である銀行に対して，譲渡した旨を「通知」するか銀行の「承諾」が必要である。また，銀行以外の第三者に対抗するためには，通知または承諾が確定日付のある証書で行うことが必要である。

第2章 預金取引と念書の取扱い

預金者から窓口での譲渡依頼があったときは次のように行う。

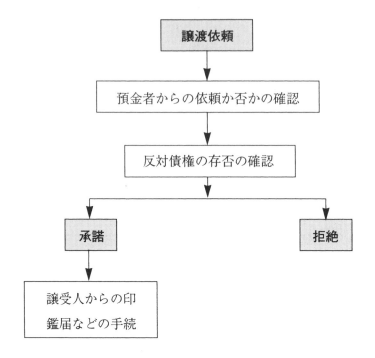

銀行が譲渡を承諾したときは,次の依頼書(念書)を徴求する。

第2章 預金取引と念書の取扱い

【書式46】 預金債権譲渡承諾依頼書

預金債権譲渡承諾依頼書

平成○○年○月○日

株式会社○○銀行　殿

　　　　　　　　　　住　所
　　　　　　　　　　譲渡人　　　　　　　　㊞
　　　　　　　　　　住　所
　　　　　　　　　　譲受人　　　　　　　　㊞

　下記預金債権を，上記譲受人に譲渡することを承諾していただくようお願いします。
　なお，本件に関し後日いかなる事故が生じてもすべて私どもにおいて責任を負い，貴行には，いっさい迷惑をかけません。

記

1．預金種類
2．番号
3．名義
4．金額
5．満期日
6．譲渡理由

上記譲渡を承認いたします。
　　　　　　　　　平成○○年○月○日
○○○○殿
　　　　　　　　　　　　　株式会社○○銀行○○支店
　　　　　　　　　　　　　　支店長　　○○○○　　　㊞

（注）
1．預金債権譲渡による名義変更は，当座預金，別段預金を除く，普通，通知，定期預金に限られる。
2．定期積金は，別の依頼書を徴求する。

【書式47】 定期積金譲渡承諾依頼書

定期積金譲渡承諾依頼書

平成○○年○月○日

株式会社○○銀行　殿

　　　　　　　　　　住　所
　　　　　　　　　　譲渡人　　　　　　　㊞
　　　　　　　　　　住　所
　　　　　　　　　　譲受人　　　　　　　㊞

　下記定期積金債権を，上記譲受人に譲渡することを承諾していただくようお願いします。
　なお，本件に関し，どのような事故が生じましてもすべて私どもにおいて責任を負い，貴行には，いっさい迷惑をかけません。

記

1．給付契約金　金○○○○円也
2．契約期間　　○○年○カ月
3．現在掛金残高　金○○○○円也
4．払込回数　○○回
5．満期日　平成○○年○月○日
6．契約年月日　平成○○年○月○日
7．定期積金通帳番号　NO.00000
8．譲渡理由

上記譲渡を承諾いたします。
　　　　　　　平成○○年○月○日
○○○○殿

　　　　　　　　　　株式会社○○銀行○○支店
　　　　　　　　　　支店長　○○○○　　㊞

第2章 預金取引と念書の取扱い

(注)
1. 定期積金の譲渡には,満期における給付金債権だけの譲渡と,掛金払込中の定期積金契約者の地位の譲渡がある。
2. 通常は,地位の譲渡であるから,その旨をよく説明し,納得がえられない場合は拒絶する。
3. 承諾する場合は,名義変更届,印鑑届などを徴求する。

第2章 預金取引と念書の取扱い

【書式48】 当座預金譲渡用取消届

　　　　　　　　　　取　消　届

　　　　　　　　　　　　　　　　　　　　平成○○年○月○日

株式会社○○銀行　殿

　　　　　　　　　　　　　　住　所
　　　　　　　　　　　　　　譲渡人　　　　　　　　㊞
　　　　　　　　　　　　　　住　所
　　　　　　　　　　　　　　譲受人　　　　　　　　㊞

　貴行との当座勘定取引契約に基づく当座預金残高を，譲渡人から譲受人に譲渡する旨の平成○○年○月○日付預金債権譲渡通知は，此度び取消しましたのでお届けします。

　つきましては，当社より譲渡のなかったものとして取扱われてさしつかえありません。

　本件に関し，どのような事故が生じましてもいっさい私どもにおいて責任を負い，貴行に対しては迷惑をかけません。念のため，本書を差入れます。

　　　　　　　　　　　　　　　　　　　　　　　　　　　以上

（注）
1．当座預金は，ほかの預金債権と異なり，消費寄託契約と手形・小切手の支払委託（委任契約）の複合契約と解されている。
2．したがって，当座勘定取引契約の地位は譲渡できないことを説明する。
3．譲渡する当座預金の残高に見合う小切手を譲渡人が譲受人に交付すれば目的を達することができるのであるから，当座預金を指名債権の譲渡（民法467条）の方法による必要はない。
4．そこで，取消届を徴求し，譲渡人，譲受人に確認させる。そして，先に銀行に到達している「当座預金債権譲渡通知書」とともに保管しておく。

7 預金債権の差押・転付時の念書

1 当座預金に対する差押・転付命令とその効力

当座預金に対しては，差押はできないとの説もあるが，通説・判例では可能と解されている。差押が執行されたときは，その預金残高は手形・小切手の支払資金に使用できなくなるから，その金額分を直ちに別段預金に振替えて「差押・支払停止」の注意コードを設定する。残りの金額は差押えられていないので，手形・小切手の支払資金として使用できる。

つまり，差押の効力は，送達時の残高についておよぶものであり，その後の入金とか振込金にはおよばないのである。差押命令の送達された日付と時間が実務上重要になる。

【書式49】差押・転付当座預金用承諾書

差押・転付預金処分承諾書

平成○○年○月○日

株式会社○○銀行　殿

住　所

預金者　　　　　　　　㊞

　○○地方裁判所平成○○年（　）第○号債権差押命令ならびに転付命令を受けた下記の私（当社）の当座預金は，貴行所定の手続により転付債権者またはその代理人に支払われても異議ありません。

記

〈預金の内容〉（省略）

第2章 預金取引と念書の取扱い

(注)
1. 必ずしもすべてこの念書を徴求する必要はないが,当座勘定取引先の信用度,取引振りなどから徴求しておいたほうがよいと判断されたときに徴求する。
2. 差押が執行されたときは,当座勘定取引先には,直ちに連絡すること。

8 預金者の死亡と相続の念書

1 当座勘定取引先の死亡と法務

　当座勘定取引先の死亡により，手形・小切手の支払事務処理の委任契約は終了し，死亡したときの当座預金残高は相続人に帰属する。

　当座勘定取引先が死亡したときは，解約の手続をとることなく当然に，当該勘定取引は終了する（民法653条）。

　しかし，銀行が死亡の事実を知らないで（善意）当座預金を払戻しても，その払戻しは有効である。

　死亡によって，当座勘定取引契約は終了するが，死亡者が生前振出した小切手は有効であるから，銀行はその小切手を支払ってもよい（小切手法33条）。

　銀行が死亡の事実を知った後は，相続人全員に払戻すなど特別の場合を除いては，「振出人の死亡」の事由（0号不渡事由）により呈示された小切手は，不渡にする（東京手形交換所規則，同施行細則77条1，C）。

　当座勘定取引先が死亡した場合，かりに長男が営業を承継するので，当座勘定取引の継続を要請されても応ずることはできない。

　なぜならば，当座勘定取引契約は死亡により消滅しているからである。

　その場合は，その長男の信用調査を行い，取引を継続するときは，改めて長男と当座勘定取引を始めればよい。

　未使用の手形，小切手用紙の回収義務は，銀行にはないと解されているが，実務上は，トラブルの原因となるので回収すべきである。

　当座勘定取引先の死亡後に当座口振込があった場合には，入金する口座がないので，一時，別段預金に移しておき，直ちに仕向銀行を通して，振

込人の意向に従って処理する。

　振込人の意思を確認しないで，相続人に振込金を払戻してはならない。

　取引先が生前振出した小切手については，小切手法33条に「振出ノ後振出人ガ死亡シ又ハ能力ヲ失フモ小切手ノ効力ニ影響ヲ及ボスコトナシ」と規定されている。手形については，手形法には規定はないが，手形も小切手と同様に考えて，有効と解されている。しかし，生前振出した手形・小切手はそのまま支払うわけにはいかないので後掲の念書【書式53】と別途資金を徴求のうえ支払うことはできる。

　その根拠は，民法654条の委任終了後の善処義務に求められる。

2　一般預金者の死亡と預金契約

　当座預金以外の預金者が死亡した場合には，預金契約（金銭消費寄託契約）そのものは存続し，相続人に承継される。特に，定期預金については，期限の利益は債務者である銀行にもある（民法136条）ので，相続人は預金者の死亡を事由に解約権を銀行に主張することはできない。

3　口座振替契約

　口座振替契約は，銀行と預金者との間，銀行と収納企業との間，預金者と収納企業との間のそれぞれの合意による委任契約である。

　公共料金などの口座振替が実務上行われている。ところが，その公共料金の口座振替契約者が死亡した場合には，この委任契約は死亡によって終了する（民法653条）。しかし，公共料金の支払は日常生活に欠くことができないものであるから，引続き取引を継続していく必要がある。この場合は後掲の【書式54】の念書を徴求して対処する。また，口座振替契約者が融資先であり，その預金債権が銀行の債権回収上必須の原資である場合には，一方的に解約する必要がある。公共料金等の口座振替契約は，委任契約であるので，当事者の一方からいつでも解約できるからである（民法651条1項）。

第2章 預金取引と念書の取扱い

【書式50】 相続届（協議分割用）

相 続 届

平成〇〇年〇月〇日

株式会社〇〇銀行　殿

　　　　　　　　　　　住　所
　　　　　　　　　　　相続人　　　　　　　　　㊞
　　　　　　　　　　　住　所
　　　　　　　　　　　相続人　　　　　　　　　㊞
　　　　　　　　　　　住　所
　　　　　　　　　　　相続人　　　　　　　　　㊞
　　　　　　　　　　　住　所
　　　　　　　　　　　相続人　　　　　　　　　㊞

　下記預金の預金者〇〇〇〇（住所〇〇〇〇〇）は，平成〇〇年〇月〇日死亡しました。

　ついては，遺言はなく，相続人全員遺産分割協議の結果，別添の遺産分割協議書に記載のとおりそれぞれ相続しましたから，その手続を依頼します。

　なお，私ども以外に相続人がないことを確約します。

　万一，私ども以外に相続権を主張する者が生じた場合には，その処置は私どもにて負い，貴行には，なんら迷惑をかけません。

記

預金種類
金額

以下略

第2章 預金取引と念書の取扱い

（注）
1．この相続届は，遺産分割協議書のある場合である。
2．預金を払戻す場合には，相続人全員に払戻す。
3．添付書類
 ① 戸籍謄本
 ② 除籍謄本（戸籍謄本に除籍者が記載されていない場合）
 ③ 除籍者の戸籍謄本
 ④ 各相続人の印鑑証明書
 ⑤ 住民票（本籍と居住地の相違する相続人の場合）
 ⑥ 預金証書（通帳）
 ⑦ 相続預金受領書または名義変更依頼書

第2章 預金取引と念書の取扱い

【書式51】 相続届（分割協議前・協議がととのわない場合）

相　続　届

平成〇〇年〇月〇日

株式会社〇〇銀行　殿

　　　　　　　　　　　　住　所
　　　　　　　　　　　　相続人　　　　　　　㊞
　　　　　　　　　　　　住　所
　　　　　　　　　　　　相続人　　　　　　　㊞
　　　　　　　　　　　　住　所
　　　　　　　　　　　　相続人　　　　　　　㊞
　　　　　　　　　　　　住　所
　　　　　　　　　　　　相続人　　　　　　　㊞

　下記預金の預金者〇〇〇〇（住所〇〇〇〇〇）は，平成〇〇年〇月〇日死亡しました。

　ついては，遺言はなく，私ども相続人全員が相続することになりましたから，下記預金をお支払いくださるよう依頼します。

　なお，私ども以外に相続人がないことを確約します。

　万一，私ども以外に相続権を主張する者が生じた場合には，その処置は私どもにて負い，貴行には，なんら迷惑をかけません。

記

預金種類
金額

―以下略―

第2章 預金取引と念書の取扱い

(注)
1. この相続届は，遺産分割協議が整わない場合である。
2. 預金を払戻す場合には，相続人全員に払戻す。
3. 添付書類
   ① 戸籍謄本
   ② 除籍謄本（戸籍謄本に除籍者が記載されていない場合）
   ③ 除籍者の戸籍謄本
   ④ 各相続人の印鑑証明書
   ⑤ 住民票（本籍と居住地の相違する相続人の場合）
   ⑥ 預金証書（通帳）
   ⑦ 相続預金受領書または名義変更依頼書

第2章 預金取引と念書の取扱い

【書式52】 葬儀費用支払用念書

念　書

平成〇〇年〇月〇日

株式会社〇〇銀行　殿

　　　　　　　　　　　住　所
　　　　　　　　　　　相続人　　　　　　㊞
　　　　　　　　　　　住　所
　　　　　　　　　　　保証人　　　　　　㊞

　下記預金の預金者〇〇〇〇（住所〇〇〇〇〇）は，平成〇〇年〇月〇日死亡しました。当該預金の払戻手続は，共同相続人全員で行うべきでありますが，日時を要しますので，下記預金のうち葬儀費用分については，便宜，私（私ども）にお支払いくださるよう依頼します。
　なお，この払戻しについて，万一，貴行に対して異議の申出があるときは，その処置は私（私ども）にて負い，貴行には，なんら迷惑をかけません。

記

預金種類
預金額
支払いを依頼する葬儀費用金額

（注）
1. 相続人が各地に散在しているなどの理由により，相続人全員の署名・押印に日時を要し，一方葬儀は緊急を要するので，便宜扱いとして葬儀費用に見合う預金を払戻すための念書である。
2. 支払額は，死亡者の社会的地位とか，地域による妥当額を勘案して決定する。

3．葬儀社から，領収書等のエビデンスを徴求する。
4．請求者の相続分の範囲で支払うとよい。
　その範囲を超えた場合には，近くの相続人も請求者に加える。
5．保証人を徴することができればなおよい。
6．添付書類
　① 葬儀費用領収書または請求書（写）
　② 相続預金受領書
　③ 戸籍謄本など相続人であることが確認できる書類

第2章 預金取引と念書の取扱い

【書式53】 支払依頼書（小切手・手形用）

当座小切手・手形支払依頼書

平成○○年○月○日

株式会社○○銀行　殿

住　所

相続人　　　　　　　㊞

　○○○○名義の当座勘定取引契約は，平成○○年○月○日同人の死亡により終了しましたが，同人が生前振り出した下記小切手・手形が，貴行に呈示された場合は，当該資金の限度までお支払いくだされたく，もし不足金を生ずるときは，貴行からの請求により直ちに，資金をお届けします。

　なお，本件に関し他から，異議の申出があるときは，その処置は私どもが負い，貴行には迷惑をかけません。

記

1．番号
2．金額
3．支払期日
4．受取人
5．振出日（引受日）

（注）
1．死亡者が生前に振り出していた小切手や手形を，当座勘定取引契約終了後も支払う場合に提出を受ける。
2．生前振出・引受にかかる多数の小切手・手形について一括して支払依頼を受ける場合は，その明細書を添付してもらう。
3．必ず別途資金を徴求する。

第2章 預金取引と念書の取扱い

【書式54】 念書（口座振替用）

念 書

平成○○年○月○日

株式会社○○銀行　殿

相続人　住所
　　　　続柄　氏名　　㊞
相続人　住所
　　　　続柄　氏名　　㊞

　貴行と普通預金取引のある○○○○は，平成○○年○月○日死亡しました。
　ついては，同人が貴行ならびに各収納機関との間で口座振替契約を結んでいる下記料金について，平成○○年○月○日までに請求のあったものに限り，従来同様，○○○○名義普通預金口座より引き落していただきたく依頼します。
　なお，貴行ならびに収納機関に対する正規の変更手続は，極力早期に完了するよう努力することはもちろん，万一本件に関し紛議が生じたときは，私どもにおいて責めを負い，貴行には迷惑をかけません。

記

1．NHK受信料　　　4．ガス料金
2．電話料金　　　　5．水道料金
3．電気料金　　　　6．カード支払代金
　（該当分○印）

（注）
1．口座振替契約者が死亡した場合に提出を受ける。
2．この契約は，一般に委任契約と解されているので，委託者本人の死亡によって終了する（民法653条）。これを継続させるために本念書をもらう。
3．日常生活に欠くことのできない公共料金の支払であるので，いつまでも異例扱に満足せず，なるべく早期に収納機関と新振替契約が成立するよう，相続人に動いてもらう必要がある。

9　融資先の死亡と相続の場合の念書

＜相続届・債務引受の念書＞

　融資先が死亡した場合，その借入債務は，当然相続人に承継される。そこで，銀行としては相続人が誰であるか，換言すれば誰に対する貸出金になっているのか確認する必要がある。そのため，相続届を出してもらわねばならない。

　商手については，決済確実であれば，特に手続は必要ない。これは，銀行が割引の時点で被相続人より買取ったものであり，その後，割引依頼人が死亡しても，銀行の手形債権には何らの影響を生じないからで，そのまま期日に呈示すればよい。担保手形についても同様である。

　ただし，割手が不渡となった場合は，手形買戻債務を相続人が各自相続することとなるから，この場合は相続届と債務引受の念書を徴求する。

第2章 預金取引と念書の取扱い

【書式55】 相続届（証書貸付の場合）

相　続　届

平成○○年○月○日

株式会社○○銀行　殿

亡〈氏名〉○○○○

住　所（注1）

相続人　○○○○　　㊞

住　所（注1）

相続人　○○○○　　㊞

　貴行と亡○○○○との間で締結した平成○○年○月○日付金銭消費貸借契約に基づく借入金○○○円也（現在残金○○○円也）は平成○○年○月○日○○○○が死亡いたしましたので，私（私ども）が相続をして前記債務を承継しましたから，戸籍簿ならびに除籍簿の謄本および印鑑証明書を添えてお届けいたします。

以上

（注）
1．住所は相続人の住所を記載する。
2．預金取引の相続届に準じて，戸籍謄本など相続人を確認する書類を徴求する。

第2章 預金取引と念書の取扱い

【書式56】 免責的債務引受用念書

念　書

平成○○年○月○日

株式会社○○銀行　殿

　　　　　　　　　　　住　所
　　　　　　　　　　　相続人
　　　　　　　　　　　債務引受人○○○○　　㊞
　　　　　　　　　　　住　所
　　　　　　　　　　　相続人
　　　　　　　　　　　保証人　○○○○　　㊞
　　　　　　　　　　　住　所
　　　　　　　　　　　相続人
　　　　　　　　　　　保証人　○○○○　　㊞

　下記債務の債務者○○○○は、平成○○年○月○日死亡しました。ついては私ども相続人のうち○○○○が他の相続人の相続した債務を含めて全額を免責的に引受け、その債務につき他の相続人が連帯して保証人となり、債務履行の責めを負います。ついては、別に貴行に差入れた銀行取引約定書ならびに平成○○年○月○日付抵当権設定金銭消費貸借契約書の各条項を遵守し、期日に弁済することを確約します。
　念のため、本書を差入ます。

記

債務の表示〈略〉

(注)
1．被相続人（死亡した融資先）の営業を承継した特定の相続人が免責的に債務を引受け、他の相続人が連帯保証人になる場合である。
2．戸籍謄本、除籍謄本、印鑑証明書などを徴求する。

第2章 預金取引と念書の取扱い

【書式57】 解約通知書

解約通知書

拝啓

　さて,貴殿との下記預金口座振替契約は,下記の事由により平成〇〇年〇月〇日限り解約しますからご通知いたします。

記

1. 解約する預金口座振替契約 [(注)1]
2. 解約事由 [(注)2]

敬具

平成〇〇年〇月〇日

通知人

住　所

株式会社〇〇銀行〇〇支店

支店長　　　　　　　　　㊞

被通知人

住　所

氏　名　　　殿

(注)

1. 解約する預金口座振替契約を具体的に記入すること。
　(例) 電気料金,水道料金等
2. 解約事由を具体的に記入すること。
　(例) 不渡発生のため,期日に返済がないため,預金に差押えがあったため,手形交換所の取引停止処分を受けたためなど。

第 3 章

手形・小切手取引と念書の取扱い

第3章 手形・小切手取引と念書の取扱い

1 手形・小切手の事故届

　当座勘定取引先から手形・小切手の紛失・盗難などの事由により事故届を受けることがある。

　火災などによって焼失した場合のように物理的に滅失しているときには，第三者を含めて，あまり問題は生じないが，紛失や盗難のケースで，紛失・盗難の手形・小切手が善意の第三者に所持されているようなときには，トラブルが生じ，安易な取扱いによって，銀行がリスクを負担しなければならないこともあるので，十分な注意が必要である。

　手形・小切手の事故届には，紛失，盗難以外に詐取，偽造，変造，代理権限のない者の振出などいろいろのものがある。

　事故届の受理にあたっては，
① 届出が当座勘定取引先からのものか
② 届出のあった手形・小切手がすでに支払済でないか
③ 事故の内容をよく聴取すること
④ 銀行にどのようなリスクがあるかの確認
⑤ 事故届は「支払委託の取消」になるので，必要があると判断したときは直ちに「支払停止」の注意コードを登録するなどの措置をとり，当座勘定取引先から，リスク管理のため以下に述べる「念書」を徴求する。

2 支払委託の取消

　手形については，事故届の受理により，支払委託の取消の効力が生ずる。
　小切手については，小切手法によれば，支払呈示期間内にあっては，支払委託の取消の効力は生じないものとされている（小切手法32条）。つまり，当座勘定取引先から，支払委託の取消があっても，銀行は呈示期間内に呈示されれば支払わなければならないのである。
　しかし，実務上は，当座勘定取引先から支払委託の取消があれば，呈示期間内に呈示されても，銀行は支払を拒絶している。その理由は，銀行は，当座勘定取引先と当座勘定取引契約を締結しており，その契約には「委任契約」も含まれているからである。
　つまり，銀行は，当座勘定取引先からの委任に基づき受任者として善管注意義務をもって，当座勘定取引先の振出した小切手を，当座勘定取引先に代わって支払う法的義務を負担しているからであり，銀行は，小切手の所持人に対しては支払義務を負っていないのである。
　しがたって，銀行は小切手法32条があっても，当座勘定取引先の指示に従えばよいのである。

③ 自己宛小切手（預金小切手）の場合

　銀行の自己宛小切手（預金小切手または預手という）の事故届は，預手発行依頼人または発行依頼人と小切手紛失者などの連名で提出を受ける。
　預手の事故届の法的性格は，当座勘定取引先の振出した小切手の事故届と相違しているから注意が必要である。
① 　当座勘定取引先の振出した小切手の支払委託の取消とはならない。預手発行依頼人から出された事故届は，支払いの慎重を期すべく注意を喚起した，単なる警告的なものである。
② 　諸般の事情に照して，疑うべき十分な理由があったにもかかわらず，銀行が支払をすると，重過失があったというべきであり，善意免責の保護は受けられない。
③ 　預手を盗取されて失権し，除権判決を得ていなかったとしても，預手の喪失者が依然として実質的に権利者であれば，振出人（銀行）に利得が存する限り，利得償還請求権を取得し，かつ，これを行使し得るとした判例もみられる（東京高判昭42・8・30，金商判73号12頁）。
　事故届のあった預手が支払呈示された場合には，それが，正当な所持人からのものであれば，支払わざるを得ないことになるが，その点について疑念があれば「不渡」にして支払わず，発行依頼人に連絡をとりながら，事実関係に応じて対応していく必要がある。

第3章 手形・小切手取引と念書の取扱い

【書式58】 手形・小切手事故届

手形・小切手事故届

平成〇〇年〇月〇日

株式会社〇〇銀行　殿

　　　　　　　　　　住　　所

　　　　　　　　　　氏　　名　　　　　　　㊞

　貴行に支払を委託した私振出（または引受）の下記手形・小切手を紛失しましたのでお届けします。つきましては，当該手形・小切手が貴行に対し，支払のため呈示された場合には，支払を差止めてくださるようお願いします。

　この支払拒絶により，万一紛議が生じましても，すべて私が責任を負い，貴行には迷惑，損害をかけません。

　念のため，本書を差入れます。

記

1．種類，番号（手形・小切手の別，その番号）
2．金額
3．振出人，引受人
4．振出日
5．支払期日
6．受取人
7．事故の内容

〈略〉

(注)
1．呈示された手形・小切手の支払を差止める事故届である。
2．振出人（当座勘定取引先）からの申出であることを確認する。
3．事故の内容を具体的に記載してもらう。

第3章 手形・小切手取引と念書の取扱い

【書式59】 未使用手形・小切手用紙喪失届

未使用 手形／小切手 用紙喪失届

平成○○年○月○日

株式会社○○銀行　殿

　　　　　　　　　　　　　　　住　所
　　　　　　　　　　　　　　　氏　名　　　　　　㊞

　貴行から交付を受けました下記の　手形　小切手　用紙を未使用のまま喪失しましたので，お届けします。
　つきましては，当該用紙を使用した　手形　小切手　が支払のため呈示された場合には，支払を差止めてください。
　この届出ののち，6カ月を経過した後は，当社より，特に申出がない限り届出印鑑と照合し，相違ないと認めて取扱われましたうえは，万一事故が生じましても，その損害はすべて私が負担し，貴行には迷惑をかけません。
　念のため，本書を差入れます。

記

1．用紙の種類
2．手形　小切手　用紙番号
4．用紙の枚数　○○枚
4．喪失年月日　平成○○年○月○日
5．振出または引受署名の有無
6．用紙喪失事由
〈略〉

(注)
1．届出印鑑も盗まれた（紛失した）場合には，直ちに改印をするように説明する。
2．用紙は有価証券ではないので，いちおう6カ月程度に銀行の注意義務が加重される期間を限定する。

第3章 手形・小切手取引と念書の取扱い

【書式60】 自己宛小切手用紙の喪失届

喪 失 届

平成〇〇年〇月〇日

株式会社〇〇銀行　殿

　　　　　　　　　　　住　　所
　　　　　　　　　　　氏　　名　　　　　㊞
　　　　　　　　　　　住　　所
　　　　　　　　　　　保証人　　　　　　㊞

　平成〇〇年〇月〇日，貴行から交付を受けました下記の自己宛小切手は，平成〇〇年〇月〇日盗難（紛失など）により喪失しましたのでお届けします。

　なお，本小切手が支払のため呈示された場合に，貴行で支払うことを適当と認めてお支払になったうえは，その措置に対して何ら異議を申しません。

　もし，支払を拒絶されたことにより，第三者との間に万一紛議などが生じた場合には，その責任はすべて私どもにおいて引受け，貴行には何ら迷惑，損害をかけません。

　念のため，本書を差入れます。

記

1．小切手番号
2．金額
3．振出日
4．盗難被害届出証明書

（注）
1．発行依頼人と第三者連名でもよい。
2．届出の正当性を確認する。

第3章 手形・小切手取引と念書の取扱い

【書式61】 自己宛小切手受取証

自己宛小切手受取証

平成○○年○月○日

株式会社○○銀行　殿

　　　　　　　　　　　住　　所
　　　　　　　　　　　氏　　名　　　　　㊞
　　　　　　　　　　　住　　所
　　　　　　　　　　　保証人　　　　　　㊞

　平成○○年○月○日，貴行に振出を依頼した下記自己宛小切手は，平成○○年○月○日喪失の旨お届けしましたが，今もって発見されておりません。
　ところが，本日特に法定の手続をふむことなく，再発行の自己宛小切手を受取りました。
　つきましては，今後下記小切手が発見されても無効であることはもちろん，それに関してどのような事故が生じましても私どもにおいて全責任を負い，貴行には，いっさい迷惑，損害をかけません。なお，下記小切手を発見したときは，直ちにお返しします。

記

1．小切手番号
2．金額
3．振出日

(注)
1．預手の金額が小さく，喪失者に信用があり，有力な保証人もあり，後日，トラブルのおそれがないと判断した場合に取扱う。
2．金額が多額の場合には，公示催告・除権判決の手続も考慮する。
3．善意取得者が現われる可能性がないと判断した場合に取扱うとよい。
4．再発行した後で，正当な所持人が現われると，支払わなければならないこともあるので，慎重な対応が望まれる。

第3章 手形・小切手取引と念書の取扱い

④ 依頼の念書例

【書式62】 先日付小切手用念書

念　書

平成〇〇年〇月〇日

株式会社〇〇銀行　殿

住　所

氏　名　〇〇〇〇　　㊞

　私が貴行に下記先日付小切手の取立を依頼するについては，振出人のつごうにより，小切手振出日の次の手形交換日に支払銀行に呈示されるようにお取りはからいくださるよう依頼します。

　これに関し，どのような事故が生じても，私がその責任を負い，貴行に対しては迷惑をかけません。

記

（小切手の明細）〈略〉

（注）
1. 小切手は一覧性が重視され，先日付小切手でも，呈示のときに支払わなければならいのが原則である（小切手法28条1項・2項）。
   しかし，振出人と所持人の間で振出日の翌日以降に呈示してほしい旨の合意がなされて先日付小切手を受取る場合がある。このようなときに，このような依頼があることがある。
2. あくまで便宜扱であり，銀行がこの申出を承認すると，取扱いに過失があると，リスクを負担することになるので，信用確実な取引先に限り受理する。

第3章 手形・小切手取引と念書の取扱い

【書式63】　商号相違手形引落用念書

念　書

平成〇〇年〇月〇日

株式会社〇〇銀行　殿

　　　　　　　　　　　住　所
　　　　　　　　　　　商　号　　A
　　　　　　　　　　　代表者　〇〇〇〇　　㊞

　私あての為替手形の支払人として商号Bと表示したものが支払呈示されることもありますが，引受欄の署名印鑑がお届けのものと相違のないときは，私の当座勘定から支払ってください。

　この取扱いについて，万一事故が生じましても，私がいっさいの責任を負い，貴行には迷惑をかけません。

（注）
1．個人商店の場合には，商号の公示制度はない。「形式不備」で不渡りにするよりも，同一性が認められるときには，念書によって取扱う。
2．通称とか，略称が記載されている場合にも対応する。

第3章 手形・小切手取引と念書の取扱い

【書式64】 旧商号用支払依頼書

支払依頼書

平成〇〇年〇月〇日

株式会社〇〇銀行　殿

　　　　　　　　　　　住　　所
　　　　　　　　　　　新商号（A）
　　　　　　　　　　　代表者名　〇〇〇〇　　㊞

　当社は，平成〇〇年〇月〇日付で商号を変更し，取引印も改印しましたが，すでに下記明細の手形・小切手を振出し（または引受け）ておりますので，旧商号（B），旧取引印のまま呈示されても，当社の当座勘定からお支払いください。

　なお，これらのことについて，どのような事故が生じても，当社がすべて責任を負い，貴行には迷惑をかけません。

記

種　類	記番号	振出日 （または 引受日）	支払期日	金　額	受取人	備　考
小切手						

（注）
1．旧商号，旧取引印のまま呈示されても，当座勘定取引先の同一性は維持されているので，そのまま支払ってもよい。
2．しかし，手形サイトの長いものなどがあり事務手続上，銀行に過失が生ずることもあり，取引先との間でその他不測のトラブルが生ずることもあるので本念書を差入れてもらう。

5　印鑑届と念書

　当座勘定規定16条には，
「手形，小切手または諸届け書類に使用された印影または署名を，届出の印鑑（または署名鑑）と相当の注意をもって照合し，相違ないものと認めて取扱いましたうえは，その手形，小切手，諸届け書類につき，偽造，変造その他の事故があっても，そのために生じた損害については，当行は責任を負いません。」
と規定されている。

　そこで，継続的な取引にあたっては，銀行は取引先から取引印を届出てもらい，徴求する書類や手形，小切手の印鑑照合を行なうことが実務上重要なポイントとなる。

　改印届の受理にあたっても，本人の意思確認や改印届が本人から提出されているなど慎重な取扱いを行っている。

　不特定多数の顧客を対象として預金取引を行っている銀行にとって，個々の取引先が真実の預金者か否かをそのつど確認して対応することは困難である。

　そこで，銀行は預金者から取引印の届出を受ける。届出印鑑は取引開始以後預金者から徴求する諸書類に押印を求める。これにより預金者本人の同一性と預金払戻しを受ける権利があるか否かを判断する。

　したがって，その印鑑照合を正しく行うことがトラブルを防ぐために重要であり，さらに改印届を受ける場合の処理についても慎重な取り扱いが求められる。

　印鑑照合の注意義務について最高裁は，「届出の印鑑と当該手形の印影

とを照合するに当たっては，特段の事情のない限り，折り重ねによる照合や拡大鏡などによって照合をするまでの必要はなく，肉眼によるいわゆる平面照合の方法をもってすれば足りるとしても，銀行の照合事務担当者に対して，社会通念上一般に期待されている業務上相当の注意をもって慎重に行うことを要し，かかる事務に習熟している銀行員が，相当の注意をもって熟視するならば，肉眼をもって発見し得るような印影の相違が看過されたときは，銀行に過失が認められる。銀行が手形の印影と届出印鑑とが符号すると認めて支払をした場合は，責任を負わない旨の当座勘定取引契約上の免責約款は，銀行が手形の印影照合に当たって尽くすべき前項の注意義務を軽減する趣旨のものではないと判示している（最判昭46・6・10民集25巻4号492頁）。

第3章 手形・小切手取引と念書の取扱い

【書式65】 改印後の支払い用念書

念 書

平成○○年○月○日

株式会社○○銀行　殿

住　所
氏　名　○○○○　　　㊞

　貴行との当座勘定取引につき平成○○年○月○日付をもって改印届を提出しましたが，この日付以前に振出した手形・小切手（あるいは引受けた手形）については，旧取引印のままお支払いください。本件につき，事故が生じても私においていっさいの責任を負い，貴行には迷惑をかけません。

　念のため，本書を差入れます。

（注）
1．改印届における新取引印使用日以降に，旧取引印の手形・小切手が呈示されることもありうる。
2．手形が振出日未補充のまま呈示されたり，振出人が旧取引印を押印することも実務上存在する。
3．銀行としては，大量取引を行なっている関係上，旧取引印の手形・小切手を新取引印の手形・小切手に引き換えたり，不測のトラブルに巻きこまれないとは限らない。
4．そこで，包括的に銀行のリスクを免かれるよう本念書を徴求しておく。

第3章 手形・小切手取引と念書の取扱い

【書式66】 社印使用届

社印使用届

平成○○年○月○日

株式会社○○銀行　殿

　　　　　　　　　　　住　所
　　[社印]　　　　　　社　名
　　　　　　　　　　　代表取締役　○○○○　㊞

　貴行との当座勘定取引につき，当社は本日より，取引印に加え上記の社印を使用しますのでお届けします。
　なお，当社の振出・引受の手形・小切手の印鑑照合にあたっては，社印の照合は省略されても，また社印もれの手形，小切手が呈示されたときは，そのまま支払われても異議なく，そのほか社印に関し生じた事故はすべて当社において責任を負い，貴行には迷惑をかけません。
　〈添付書類〉
印鑑届

（注）
1．当座勘定規定では，印影または署名を届出の印鑑（または署名鑑）と相当の注意をもって照合すれば銀行は免責されることになっており，社印までの照合義務はない。
2．社印の照合義務まで負担することは，それだけ銀行の善管注意義務が加重されることになるから，謝絶すべきである。
3．しかし，どうしても取扱わざるを得ないときは，注意義務が加重しないように本念書を徴求する。
4．その際，社印の照合義務を負わないこと，社印もれでも決済する旨よく説明しておくこと。

第3章 手形・小切手取引と念書の取扱い

【書式67】 副印使用の場合の念書

念　書

平成○○年○月○日

株式会社○○銀行　殿

住　所
郵便局名
局　長　　　　　　　㊞

〔副印　　副印　〕

　貴行との普通預金取引に関し，本日より普通預金払戻請求書には，そのつど出納担当者○○○○の上記副印を押印します。

　なお、この預金は私有のものでなく、公金であり、後日作成者を知るための手段にすぎません。

　念のため，本書を差入れます。

(注)
1．社印と同様に副印の使用も銀行の注意義務が加重されるので，通常は断ることが望ましい。
2．郵便局との取引では，担当者の副印を使用するケースが多い。
3．やむを得ず取り扱った念書や払戻請求書によりこの申出を受理した以上は副印の照号義務が生ずるので慎重に対応する必要がある。

第3章 手形・小切手取引と念書の取扱い

【書式68】 記名判変更用の念書

念　書

平成〇〇年〇月〇日

株式会社〇〇銀行　殿

住　所
社　名
代表取締役〇〇〇〇　　㊞

　貴行との当座勘定取引につき平成〇〇年〇月〇日記名判変更届を提出しましたが，旧記名判によりすでに振出し（あるいは引受け）た手形，小切手は従来どおり当社名義の口座にてご決済ください。
　なお，これにより事故が生じても当社においてすべて責任を負い，貴行には迷惑をかけません。

(注)
1．記名判も前記の社印と同様に，銀行には照合義務はない。
2．しかし，実務上は，手形，小切手の偽造判定のポイントになることもある。
3．記名判の届出を受けるときには，銀行のリスクを回避する念書（社印使用届参照）を徴求のうえ受理する。
4．本念書は，取引印はそのままの場合である。

6 遡 求

　満期に適法な支払呈示がされたのに支払が拒絶されたとき，または満期前でも支払の可能性が著しく減少した場合には，所持人は自己の前者である裏書人等に対し手形金額の請求ができることが認められている（手形法43条，77条1項4号）。これを遡求権（そきゅうけん）という。

　所持人は，手形が不渡りとなり，裏書人等に対して遡求権を行使する場合には，配達証明付内容証明郵便で呈示の日に次ぐ4取引日内に遡求権を行使する旨の通知をすることが必要である。

　この場合の通知は郵便のほか，民間事業者による信書の送達に関する法律（平成14年法律第99号）に規定されている一般信書便事業者もしくは特定信書便事業者を利用した信書便を利用して発送してもよいとされている（手形法45条）。

第3章 手形・小切手取引と念書の取扱い

【書式69】 遡求通知書（償還請求通知書）

遡求通知書（償還請求通知書）

平成○○年○月○日

受信人
裏書人
　株式会社○○○○
　　代表取締役　　　　殿

　　　　　　　　　　　　　　　発信人
　　　　　　　　　　　　　　　住　所
　　　　　　　　　　　　　　　株式会社○○銀行○○支店
　　　　　　　　　　　　　　　支店長　　　　　　　　㊞

　下記約束手形につき所持人である私は平成○○年○月○日支払場所の銀行へ支払呈示をしましたが，その支払いを拒絶されましたので，下記のとおり手形金，利息およびその他費用について同手形の裏書人である貴殿に対し，償還請求をいたします。

　　　　　　　　　　　　記

1．手形の表示（略）
2．請求額
　　　　　　　金　　　　　　円也　手形金額
　　　　　　　金　　　　　　円也　満期日の翌日以降本日
　　　　　　　　　　　　　　　　　までの年　％による利息
　　　　　　　金　　　　　　円也　○○費用（具体的に）
　　　　　　　合計金　　　　円也

　　　　　　　　　　　　　　　　　　　　　　　以上

（注）
1．通常は，支払拒絶証書の作成は免除されているので，呈示の日に次ぐ4取引日以内に通知を行う。
2．通知は配達証明付内容証明郵便による。

第4章

為替取引と念書の取扱い

第4章 為替取引と念書の取扱い

1　為替の種類

　為替とは，隔地者の間における金銭の債権・債務を現金の輸送によらないで決済する方法である。

　為替には，「振込」「送金」「代金取立」「雑為替」の4種類がある。

図表4－1　為替の種類

種　　類	種　　　　目
振　込	振込（普通，至急） （国庫金振込を含む） テレ為替による給与振込
送　金	普通送金 電信送金 国庫送金
代金取立	代金取立
雑為替	雑付為 雑請求

第4章　為替取引と念書の取扱い

2　振　込

送金人が，銀行で受取人の預金口座に資金を振込む方法である。銀行口座の利用が一般化している現在では，この振込が最も多く利用されている。

図表4－2　振　込

振込の当事者には，次の4当事者が存在する。「振込人→仕向銀行→被仕向銀行→受取人」である。

〈振込の法律関係〉

> ①　振込人と仕向銀行とは，**民法上の委任の関係**にある。したがって，仕向銀行は民法の委任に関する規定にしたがい善管注意義務を尽くさなければならない（民法644条）。
> ②　仕向銀行と被仕向銀行との為替取引は，**内国為替取扱規則**に基づいて行われる。

したがって，仕向銀行と被仕向銀行との間では個別的，選択的なコルレス契約を締結する必要はない。

銀行間の資金決済は，「テレ為替」による振込は「送金」と同様に全銀

センターの集中計算で決済尻を算出し、日本銀行の当座預金で決済される。「文書為替」のうち「交換振込」は手形交換により、「メール振込」は全銀システムにより決済される。

なお、振込依頼書または銀行の振込機による振込については「振込規定」により取扱うことになっているので、その内容を理解し、顧客に十分説明できるようにしておかなければならない。

【書式70】　組戻依頼書（普通振込用）

組戻依頼書

平成〇〇年〇月〇日

株式会社〇〇銀行　殿

　　　　　　　　　　住　所
　　　　　　　　　　依頼人　〇〇〇〇　　　　㊞
　　　　　　　　　　住　所
　　　　　　　　　　連帯保証人〇〇〇〇　　　㊞

　平成〇〇年〇月〇日依頼しました下記振込を組戻したく思いますので、振込金受領書などを添付のうえ、その手続きを依頼します。

　本件について、万一事故が生じても、私どもにおいて責を負い、貴行には迷惑をかけません。

記

1．振込依頼日
2．金額
3．受取人
4．仕向先銀行（被仕向銀行）

第4章 為替取引と念書の取扱い

(注)
1. 振込の組戻しとは，いったん振込依頼をしたあとで，振込人のつごうで，その振込依頼を取消すことであり，委任契約の解除である。
2. 次の書式例で取扱っている銀行が多い。
3. 組戻代り金の返還については，原則として預金口座に入金する。組戻依頼人が依頼人本人でなかった場合などの事故を防止するためである。
4. 現行の「振込規定」では，次の特約によって取扱っている。
   (1) 振込契約の成立後にその依頼を取りやめる場合には取扱店の窓口において次の組戻しの手続により取扱います。
      ① 組戻しの依頼にあたっては，当行所定の組戻依頼書に記名押印のうえ，振込金受取書等とともに提出してください。
         この場合，当行所定の本人確認資料または保証人を求めることがあります。
      ② 当行は，組戻依頼書に従って，組戻依頼電文を振込先の金融機関に発信します。
      ③ 組戻しされた振込資金は，組戻依頼書に指定された方法により返却します。現金で返却を受けるときは，当行所定の受取証に記名押印のうえ，振込金受取書等とともに提出してください。この場合，当行所定の本人確認資料または保証人を求めることがあります。
   (2) 前項の組戻しの取扱いおよび組戻しされた振込資金の返却については，提出された振込金受取書等を当行が交付したものであると相当の注意をもって認めたうえ，取り扱ったときは，これによって生じた損害については，当行は責任を負いません。
   (3) 第1項の場合において，振込先の金融機関がすでに振込通知を受信しているときは，組戻しができないことがあります。この場合には，受取人との間で協議してください。

第4章 為替取引と念書の取扱い

【書式71】 組戻依頼書（送金・振込用）

送金・振込 受取人名義変更 依頼書
組　　　戻

平成〇〇年〇月〇日

株式会社　　　　銀行　殿

住　所
氏　名　　　　　　　　　㊞
お電話（　　）　　－

　貴行に取組依頼した下記 送金/振込 について先方銀行で支払（または振込）未済の場合は，下記により取扱ってください。なお，この取扱いに要する費用がある場合は当方にて負担します。

記

1．依頼事項　　ご依頼の項目に〇印をおつけください。

項　目	内　容　（理由など）
受取人名義変更	受取人名義相違につき受取人名義を_____に変更
預金種目 口座番号変更	預金種目 相違につき 預金種目 を_____に変更 口座番号　　　　　　口座番号
組　戻 （振　込）	被仕向銀行相違 その他
組　戻 （送　金）	紛失（平成〇年〇月〇日付支払停止依頼分未発見のため） その他（　　　　　　　　　　　　　　　　　　　　）

2．取組内容

項　目	内　容
為替種目（〇でかこんでください）	1．振込　2．普通送金（送金小切手）　3．電信送金
取　組　日	平成〇〇年〇〇月〇〇日
金　　　額	¥
被仕向銀行(支払銀行)	銀行　　　　支店
受　取　人	
預金種目・口座番号	
小切手番号（送金の場合）	
支　払　地（送金の場合）	

3．関係書類（該当項目を〇印でかこんでください）
　　□振込金受取書　□電信送金受取書　□送金小切手　□その他（　　　　）

(注)
1．共用用紙となっているので，記載事項，提出書類を確認する。
2．申出人と送金・振込依頼人の一致を確認する。

第4章 為替取引と念書の取扱い

【書式72】 振込組戻受領証

振込組戻受領証

平成○○年○月○日

株式会社　　○○銀行　殿

依頼人　○○○○　　㊞

　私より依頼しました下記振込は，貴行においてこれを組戻のうえその代り金を本日正に受領しました。なお，これに関し，万一事故が生じたときは，私においてその責を負い，貴行には迷惑をかけません。

記

1．振込依頼日　平成○○年○月○日
2．金額
3．受取人
4．被仕向銀行

(注)
1．振込を組戻し，代り金を現金で支払う場合である。
2．組戻依頼人名義の預金口座に入金するのが原則である。
3．現金でなく線引記名式預手で支払うことも折衝する。

第4章 為替取引と念書の取扱い

【書式73】 送金・振込組戻代り金受領証

送金・振込組 戻代り金受領証

平成○○年○月○日

株式会社　　　　銀行　殿

　　　　　　　　　　　住　　所
　　　　　　　　　　　依　頼　人
　　　　　　　　　　　氏　　名　　　　　　㊞

　　　　　　　　　　　住　　所
　　　　　　　　　　　連帯保証人
　　　　　　　　　　　氏　　名　　　　　　㊞

　平成○○年○月○日付をもって組戻を依頼した下記送金・振込組戻代り金正に受取りました。なお，送金小切手の紛失について法定の手続きを便宜省略し代り金の返金を受けた後は，当該小切手を発見しても無効であることはもちろん直ちに貴行に返却します。これに関し万一事故が生じたときは，すべて当方においてその責に任じ貴行に迷惑をかけないことを保証人連署をもって確約します。

1．取組内容

項　　目	内　　　容		
為替種目（○でかこんでください）	1．振込	2．普通送金（送金小切手）	3．電信送金
取　組　日	平成○○年○○月○○日		
金　　　額	￥		
小切手番号(普通送金の場合)			
支　払　地(送金の場合)			
被仕向銀行(支払銀行)	銀行　　　　　支店		
受　取　人			

2．添付書類（送金小切手紛失の場合）
　　□除権判決謄本

(注)
1．送金，振込の共用用紙になっているので，記載事項，提出書類などを確認する。
2．取引先でない申出人に返却する場合には，申出人と受取人の同一性を確認する。

第4章 為替取引と念書の取扱い

【書式74】 名義相違用の念書

念　書

平成○○年○月○日

株式会社　　○○銀行　殿

　　　　　　　　　住　所
　　　　　　　　　　（A）氏名　○○○○　　㊞
　　　　　　　　　住　所
　　　　　　　　　　連帯保証人○○○○　　㊞

　下記振込人は私（A）あてのものに相違ありませんので，貴店における（B）名義預金口座にご入金ください。

　この取扱いにより後日事故等が生じた場合には，私においてその責を負い，貴行には迷惑をかけません。

記

1．振込日付　平成○○年○月○日
2．金額
3．振込銀行
4．振込人
5．被振込人（B）

（注）
1．振込は，委任であるから，仕向銀行の指定された口座に入金しなければならない。したがって，本来ならば，仕向銀行に連絡し，受取人名義の変更を依頼し，訂正通知を受けてから処理しなければならない。
2．しかし，（B）とは取引があり，口座番号も同一で，結婚などで旧姓で振込まれたような場合には，この念書により処理すればよい。
3．この取扱いにより，振込人，仕向銀行に損害が生じたときは，この念書があっても，これらの者に対して被仕向銀行は責任を負うので，十分な注意が肝要である。

第4章 為替取引と念書の取扱い

③ 送金と念書の取扱い

送金には,「普通送金」「電信送金」と「国庫送金」とがある。

「普通送金」とは,送金小切手を使用する送金方法である。「電信送金」とは,送金人が銀行に資金を交付のうえ電信送金の取組みを依頼する。送金人は,受取人あてに電報を発信する。受取人は,その伝報送達紙を指定された銀行に呈示して支払を受ける方法である。「国庫送金」は,国が民間の債権者に対して,国庫金を支払う場合に日本銀行の本支店または代理店が銀行に委託して行う送金方法である。国庫送金は,送金小切手ではなく「国庫送金通知書」を受取人に送付し,受取人はその通知書を支払場所である銀行に呈示して送金額を受取ることによって送金の目的が達成される。

1 普通送金と念書

図表4－3　普通送金

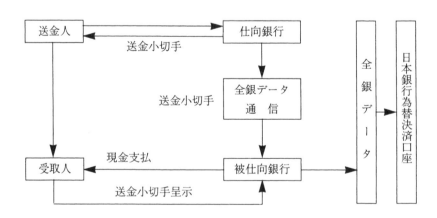

第4章　為替取引と念書の取扱い

【書式75】　組戻依頼書（送金小切手用）

組戻依頼書

平成〇〇年〇月〇日

株式会社〇〇銀行　殿

　　　　　　　　　　　住　　所
　　　　　　　　　　　依頼人　〇〇〇〇　　　　㊞
　　　　　　　　　　　住　　所
　　　　　　　　　　　連帯保証人〇〇〇〇　　　㊞

　平成〇〇年〇月〇日貴行に振出を依頼しました下記送金小切手について，つごうにより組戻したく，その手続を依頼します。

記

小切手の表示〈略〉

（注）
1．送金依頼人と仕向銀行との関係は，委任契約（民法643条）と解されているので，組戻しはその解除とみられる（民法651条）。
2．最近では，144頁の「送金・振込　受取人名義変更　組戻　依頼書」の共通用紙を使用している銀行が多い。
　　銀行によっては，「依頼書」を使用しないで，回収した送金小切手の裏面に受取裏書を徴求するだけで取扱っているところもある。

2 電信送金と念書

図表4－4　電信送金

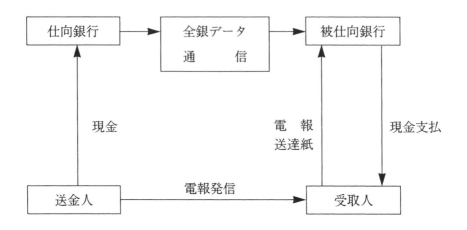

第4章 為替取引と念書の取扱い

【書式76】 電信送金組戻依頼書

電信送金組戻依頼書

平成○○年○月○日

株式会社○○銀行　殿

　　　　　　　　　　　住　所
　　　　　　　　　　　依頼人　○○○○　　　㊞

　　　　　　　　　　　住　所
　　　　　　　　　　　連帯保証人○○○○　　㊞

　下記電信送金はつごうにより組戻したく，電信送金（為替）取組受取証等を添えて依頼します。なお，受取人あてに電報は打電しておりません。

記

1．依頼日　平成○○年○月○日
2．金額
3．受取人
4．支払銀行　株式会社○○銀行○○支店

（注）

1．電信送金の依頼をしたあとで，受取人あてに打電する前に，すでに依頼した電信送金を組戻す場合に，依頼人から提出を受ける。
2．依頼人の本人確認を行うこと。
3．代り金の返却は，依頼人の預金口座に入金するか，線引記名式預手を交付する。

④ 国庫送金と念書の取扱い

【書式77】 国庫金送金通知書喪失届

国庫金送金通知書喪失届

○○官庁　　　　　　　　　　　　　　　平成○○年○月○日
支出官，出納官吏，支出役
出納役　殿

　　　　　　　　　　　　　　受取人住所
　　　　　　　　　　　　　　氏　名　○○○○　　　　㊞

　下記国庫送金通知書を喪失しましたのでお届けします。
1．金額
2．発行日付　平成○○年○月○日
3．送金請求銀行　日本銀行○○支店
　（本店，代理店）
4．送金請求書番号　第○○○○号
5．支払場所　株式会社○○銀行○○支店
　上記国庫金は未決済であることを証明する。
　平成○○年○月○日
　　　　　　　　（被仕向銀行）株式会社○○銀行○○支店
　　　　　　　　　　　　　　　支店長○○○○　　㊞
　上記国庫金は未決済であることを証明する。
　平成○○年○月○日
　　　　　　　　（仕向店）株式会社○○銀行○○支店
　　　　　　　　　　　　　支店長○○○○　　㊞
　　　　　　　　（送金請求店）日本銀行○○支店
　　　　　　　　　　　　　　　支店長○○○○　　㊞

第4章 為替取引と念書の取扱い

(注)
1. 国庫送金の受取人が「国庫金送金通知書」を喪失したときに、その支払銀行（被仕向銀行）が受取人から届出を受ける。
2. 「国庫金送金通知書」は有価証券ではなく、指名債権証書であるから、受取人が喪失しても公示催告・除権判決の手続をとることはできない。
3. 受取人から届出を受けたら、この届出書の所定欄に記名押印のうえ、仕向銀行に送付する。
4. 後日、仕向銀行から、再発行の通知を受けたときは、喪失の旨を記入した国庫金送金案内に「再発行」と表示し、取扱日を記入する。
5. 受取人から、後日「再発行」と表示した国庫金送金通知書が呈示されたときに支払う。「再発行」と表示のないものが呈示されても支払ってはならない。

5 代金取立

　代金取立とは，期日未到来の手形・小切手などの直ちに預金口座に入金できない遠隔地の支払場所の証券類を所持人（取立依頼人）に代わって，銀行が支払人に請求して，代わり金を所持人の預金口座に入金するものである。

【書式78】　代金取立手形組戻依頼書

代金取立手形組戻依頼書

平成〇〇年〇月〇日

株式会社〇〇銀行　殿

　　　　　　　　　　住　所
　　　　　　　　　　氏　名　〇〇〇〇　　㊞

　平成〇〇年〇月〇日付で取立を依頼しました下記手形は，つごうにより組戻をしたいので，取立未済の場合は，手形および付属書類を返却してください。

記

1．受付番号
2．支払地
3．支払人
4．金額
5．期日
6．付属書類

第4章 為替取引と念書の取扱い

(注)
1．代金取立の組戻しの法的性質は送金や振込と同様に委任契約の解除と解されている。
2．銀行では，組戻しについて，次のように特約している。
   (1) 証券類の組戻しを依頼する場合には，支払期日の前日までに当行所定の組戻依頼書に預金取引の届出印を押印して提出してください。
   (2) 組戻しをした証券類は当店で返却しますから，当行所定の受取書に預金取引の届出印を押印して提出してください。
   なお，やむを得ない場合には，期日当日の組戻依頼を処理できる場合は，受付してもよい。

第4章　為替取引と念書の取扱い

【書式79】　通知書（組戻用）

通　知　書

（組戻依頼人）　　　　　　　　　　　平成○○年○月○日

○○○○　殿

　　　　　　　　　　　　　　　株式会社○○銀行○○支店

　拝啓

　いつも私ども○○銀行をご利用くださいまして誠にありがとうございます。

　さて，さきにご依頼いただきました下記取立手形を組戻しましたので，手形組戻に要した費用金○○○円とともに，本状ご持参のうえご来店ください。

　なお，取立手形通帳または受託書もご持参ください。

敬具

記

1．種類
2．支払場所
3．支払地
4．支払人
5．期日
6．金額

（注）
1．銀行から依頼人あてに組戻しに応じた旨の通知書である。
2．この通知書を出さずに，電話で連絡する方法がとられていることが多い。

第4章 為替取引と念書の取扱い

【書式80】 受取書（手形類返却用）

受　取　書

平成○○年○月○日

株式会社○○銀行　殿

　　　　　　　　　　　　住　所

　　　　　　　　　　　　氏　名　○○○○　　㊞

　平成○○年○月○日組戻しの依頼をしました下記手形の返却を受け，正に受取りました。
1．取立番号
2．種類
3．支払場所
4．支払地
5．支払人
6．金額
7．期日

（注）
1．組戻依頼人から組戻しによる手形類の返却を受けたことを立証するために，手形類の返却と同時に徴求する。
2．受取書の届出印を確認する。
3．記載内容と手形類を照合して間違いのないことを確認する。

第4章　為替取引と念書の取扱い

【書式81】　取立手形のD／A扱依頼書

取立手形のD／A扱依頼書

平成○○年○月○日

株式会社○○銀行　殿

　　　　　　　　　　　　住　所
　　　　　　　　　　　　氏　名　○○○○　　㊞
　　　　　　　　　　　　住　所
　　　　　　　　　　　　連帯保証人○○○○　㊞

　当社振出下記荷付為替手形を取立依頼するについては，引受人が引受を完了するとともに，手形付帯物件書類のいっさいをお渡しください。

　この書類交付につき，後日手形不渡等の事故が生じましても当方でいっさいの責を負い，貴行には迷惑，損害をかけません。

　念のため，本書を差入れます。

　　　　　　　　　　　　記

1．金額
2．振出日
3．期日
4．支払場所
5．引受人

（注）
1．荷付為替手形の取立にはD／A扱いとD／P扱いがあり，通常は，D／P扱である。D／A扱いとは，引受渡（Document against Aeeeptance）の略で，手形の支払人が引受を条件に貨物引換証等の付帯物件を引受人に交付する扱いをいう。

第4章 為替取引と念書の取扱い

　D／P扱いとは，支払渡（Document against payment）の略で，手形の支払いを条件に付帯物件等を交付する扱いである。
2．D／A扱いの条件で取立依頼を受けたときに依頼人から徴求する。
3．支払人の引受行為は，支払人がその為替手形の主債務者になることを表示するにとどまり，満期日に支払が確実に行われるという保証はないので慎重に対応する。

第4章　為替取引と念書の取扱い

【書式82】　取立手形のＤ／Ａ扱依頼書（包括用）

取立手形Ｄ／Ａ扱依頼書

平成○○年○月○日

株式会社○○銀行　殿

　　　　　　　　　　住　所
　　　　　　　　　　氏　名　○○○○　　　㊞
　　　　　　　　　　住　所
　　　　　　　　　　連帯保証人○○○○　　㊞

　当社が振出した荷付為替手形を貴行にＤ／Ａ扱の条件で取立を依頼する場合は，必らず手形面にＤ／Ａ扱の表示をしたうえ署名（記名）押印します。

　その手形が引受けられたときは，手形に添付した貨物引換証その他の書類を引受人にお渡しください。

　後日，この取扱いによって事故が生じたときは，私（当社）がいっさいの責を負い，貴行には迷惑，損害をかけません。

（注）
1．依頼のつどＤ／Ａ依頼書を提出することなく，包括的にＤ／Ａ扱いを行う場合に徴求しておく。
2．Ｄ／Ｐ扱いよりリスクが高いので，取扱う場合には慎重に判断する。

第4章 為替取引と念書の取扱い

【書式83】　手形付属書類受取書（引受人用）

手形付属書類受取書

平成○○年○月○日

株式会社○○銀行　殿

　　　　　　　　　　住　所

　　　　　　　　　　氏　名　○○○○　　㊞

1．貨物引換証　○通
　　○○会社発行　番号
　　発行日　平成○○年○月○日
2．仕切書　○通

下記為替手形に付属する上記書類の交付を受け，正に受取りました。

記

1．為替手形　第○○○号
2．手形金額
3．期日
4．振出人
5．支払場所
6．支払地

（注）
1．D／A扱いの荷為替手形について引受人から徴求する。
2．引受人から手形の引受人欄に引受署名を徴し，引受人と荷受人が一致していることを確認する。
3．引受人が取引先でない場合には，印鑑証明書を徴求し，本人確認を行なう。

第4章 為替取引と念書の取扱い

【書式84】 取立手形支払期日延期依頼書

取立手形支払期日延期依頼書

平成○○年○月○日

株式会社○○銀行　殿

　　　　　　　　　　　住　所
　　　　　　　　　　　株式会社○○○○
　　　　　　　　　　　代表取締役○○○○　　㊞

　平成○○年○月○日付で取立を依頼した下記手形は，当社のつごうにより支払を延期しましたので，平成○○年○月○日に取立くださるよう依頼します。

記

1．受付番号
2．支払人
3．支払地
4．支払場所
5．金額
6．期日

(注)
1．支払人の資金繰りの関係で，所持人が了解して，期日の延期をして取立てることを依頼するもの。
2．取立手形の期日延期依頼をすることができるのは，取立依頼人に限られるので，取立依頼人と本件依頼人が同一であることを確認する。

第5章

融資取引と念書の取扱い

消費者保護の理念を盛り込んだ改正民法が平成29年5月26日参議院本会議で可決成立した。

　民法の債権法を社会の変化に合わせて改正したものである。3年程度の周知期間を経て施行される予定である。

　主な改正ポイントは、

(1) 約款

　約款に記載されている内容は、法律上有効ではあるが、相手方に著しく不利益な条項は無効となる。

(2) 売り手責任

　破損した商品や契約と異なった物が届いた場合、買主は修理・交換・代金の減額などを売主に求めることができる。

(3) 判断能力の弱い人との契約

　判断能力の弱い人との契約は無効となる。

(4) 時効

　現在、ばらばらになっている時効を原則5年に統一した。

(5) 法定利率

　法定利率を年5％から3％にした。なお、3年に一度は見直しをする。

(6) 賃貸住宅の敷金

　自然な劣化の修繕費は貸主が負担する。敷金からは借主が壊した箇所のみの修繕費が差し引かれる。

(7) 連帯保証人

　個人が中小企業の連帯保証人となるには、公証人との面談が必要になる。ただし、その企業の役員や主要株主などは例外。

(8) 損害賠償

　事故などの被害者は、加害者が判明してから5年間は損害賠償を請求できる（従来は3年）。

　銀行の担当者は改正民法施行日まで充分にその内容を検討し、特に連帯保証人については適正に取扱うことが肝要である。

第5章 融資取引と念書の取扱い

1 銀行取引約定書紛失用念書

【書式85】 銀行取引約定書紛失用念書

念　書

平成〇〇年〇月〇日

株式会社〇〇銀行　殿

　　　　　　　　　住　所
　　　　　　　　　会社名
　　　　　　　　　代表者　〇〇〇〇　　　㊞

　当社は、平成〇〇年〇月〇日、代表取締役〇〇〇〇の記名押印により、同日付の銀行取引約定書を貴行に差入れ融資取引を継続し、現在に至っておりますが、その内容は別添の銀行取引約定書と同様であることを確認します。

　念のため本書を差入れるとともに、銀行取引約定書の再差入れに代えることとします。

　〈添付書類〉
銀行取引約定書（再差入分）

（注）
1．銀行が銀行取引約定書を何らかの理由で紛失したときに融資先によく説明し、納得をえて徴求する。
2．紛失したままにしておくと、期限の利益喪失とか損害金の徴収など債権保全上支障が生ずるので、直ちにこの手続をとる必要がある。
3．再差入分の銀行取引約定書と本念書をセットし融資先の届出印で契印しておく。

第5章 融資取引と念書の取扱い

② 公益法人への融資と念書

【書式86】 公益法人融資用念書

念　書

平成○○年○月○日

株式会社○○銀行　殿

住　所
公益法人
理事長　○○○○　　㊞

　当法人が貴行と銀行取引約定書に基づき下記借入をするにあたり，当法人理事会において，別紙のとおり出席理事の全員一致をもって承認しました。
　ついては，理事会議事録謄本を添えて，本書を差入れます。

記

[借入の明細]〈略〉
　〈添付書類〉
理事会議事録謄本
印鑑証明書

（注）
1．公益法人は、民法34条により、その設立が認められている。
2．公益法人と融資取引を行う場合には、法人の準拠法、定款、寄付行為、内部規制などを調査して所定の書類を徴求するとともに、本念書により理事会の合意を確認する。

第5章 融資取引と念書の取扱い

③ 学校法人理事会の取引承認用念書

【書式87】　学校法人理事会の取引承認用念書

念　書

平成〇〇年〇月〇日

株式会社〇〇銀行　殿

　　　　　　　　　　　住　所
　　　　　　　　　　　学校法人
　　　　　　　　　　　理事長　〇〇〇〇　　㊞

　当法人が貴行と銀行取引約定書に基づき借入行為をするにあたり，当法人理事会において，下記のとおり出席理事全員一致をもって承認しました。
　ついては，理事会議事録謄本を添付し，念のため本書を差入れます。

記

1．理事会開催日時　平成〇〇年〇月〇日
　　　　　　　　　　午前〇時
2．理事会開催場所　本館第一会議室
3．出席理事
　〇〇〇〇，〇〇〇〇，〇〇〇〇
　（理理5人中3人）
4．議題　株式会社〇〇銀行との銀行取引約定書に基づく借入行為の承認の件
5．議事録謄本

以上

（注）
1．学校法人には5人以上の理事をおくことが定められており，そのうちの1人が寄付行為の規定により理事長となる（私立学校法35条）。
2．取引は，この理事長を相手方として行う。寄付行為には借入れなどについて評議員会の決議を要する旨の定めがあれば評議員会の取引承認の念書を徴求する。

第5章 融資取引と念書の取扱い

4 学校法人評議員会の取引承認用念書

【書式88】 学校法人評議員会の取引承認用念書

念　書

平成○○年○月○日

株式会社○○銀行　殿

　　　　　　　　　　　住　所
　　　　　　　　　　　学校法人
　　　　　　　　　　　理事長　○○○○　　㊞
　　　　　　　　　　　評議員会
　　　　　　　　　　　議長○○○○　　　　㊞

　当法人と貴行との下記取引に関し，当法人の評議員会で承認決議をしましたので，評議員会議事録謄本を添えてお届けいたします。
　本件につきましては，当方において責に任じ，貴行には迷惑，損害をかけません。
　念のため，本書を差入れます。

記

[取引の内容]〈略〉
　〈添付書類〉
評議員会議事録謄本

（注）
1．私立学校が借入れする場合には，その会計年度内の収入で返済する一時借入れを除き，評議員会の意見をきかなければならないことになっている（私立学校法42条）。
2．学校法人とは，私立学校の設置を目的とし，私立学校法の定めるところにより設立された法人をいう。

5 融資証明書

【書式89】 融資証明書

融資証明願

株式会社○○銀行　殿

　私が貴行に対して下記融資申込みを行ったときは，融資の用意があることを証明願います。

記

1．金額（または融資限度）
2．資金使途
3．証明書の提出先
4．証明を必要とする理由
5．必要部数

平成○○年○月○日

住　所
氏　名　○○○○　　㊞

　上記について，下記条項が満たされ，かつ当行で審査のうえ適当と認めた場合においてのみ融資を行う用意があることを証明いたします。
　ただし，本証の有効期限は平成○○年○月○日までとします。

記

1．経済状況に激変のないこと。
2．貴社の経営状態に著変のないこと。
3．貴社が銀行取引契約の一にでも違反しないこと。

平成○○年○月○日

住　所
株式会社○○銀行○○支店
支店長　○○○○　　㊞

（注）
1．融資証明書を発行することは，将来，融資を行う旨の予約をすることであるから，慎重に取扱うこと。
2．記載にあたっては，上記の内容のほか，必要に応じて融資条件などを記入する。

第5章 融資取引と念書の取扱い

6 当座過振り用念書

【書式90】 当座過振り用念書

念　書

平成○○年○月○日

株式会社○○銀行　殿

住　所

会社名

代表者　○○○○　　㊞

　貴行との当座勘定取引につき，当社が振出（引受）した手形，小切手の決済に伴ない，平成○○年○月○日貴行で立替えねがった金○○○円也は平成○○年○月○日までに返済しますがこれについては下記条項を確約します。

記

1．立替金については，立替日から返済日まで年○○％の割合の損害金を支払います。この場合の計算方法は年365日の日割計算とします。
2．返済日までに返済しない場合および前項の条件を履行しないときは，貴行は差引計算など当座勘定規定に基づく処置をとられても異議ありません。

（注）
1．当座貸越契約のない当座勘定取引先に過振り債権が発生した場合に徴求する。
2．信用状態が優良な先に限って取扱う。
3．再三，発生する場合には，正式に担保を徴求し，当座貸越契約を締結のうえ取扱う。

第5章 融資取引と念書の取扱い

7 商担手貸用念書

【書式91】 商担手貸用念書

念　書

平成○○年○月○日

株式会社○○銀行　殿

　　　　　　　　住　所
　　　　　　　　氏　名　○○○○　　㊞

　私は貴行の手形貸付の担保として，商業手形を差入れ「商業手形担保約定書」に基づき処理ねがっておりますが，担保手形が不渡となった場合は，つごうにより当座勘定規定（普通預金規定）にかかわらず，貴行所定の手続を省略し，私振出の小切手（普通預金払戻請求書）を提出することなく，下記のとおり取扱いください。

記

1．担保手形が不渡になった場合は，直ちに私名義の当座預金（普通預金）口座より不渡手形1件ごとに振替え補充してください。
2．前記取扱いにより，事故が生じても私がいっさいの責任を負い，貴行に対し迷惑をかけません。

（注）
1．商担手貸の担保手形が不渡りになった場合に，いちいち小切手や払戻請求書の提出を受けるのはお互いに煩雑であるからこれを省略するもの。
2．不渡担保商手の額面以上の代り商手を担保として提出を受け，不渡商手を返却する方法をとってもよい。
3．商手決済代り金（別段預金）から引落す方法は，回収原資の減少につながるので行ってはならない。

8　「期限の延期」の場合の念書

　融資先が約定どおり返済できなくなったので，当初の期限を延期して貰いたいとの申出があることがある。

　その場合には，融資先の状況をよく調査し，期限を延期することにより融資債権が全額回収できると判断した場合には，これに応じてもよい。

　期限を延期するに際して，更改（民法513条）とみなされると旧債務が消滅し新債務が発生することになり，旧債務についていた担保，保証が消滅することになるので注意が必要である。

1　延期の方法

(1)　弁済期の変更

　債務の同一性を維持しながら，単に弁済期のみを変更する契約を結ぶ方法である。

　この方法は，期限を延期すれば確実に回収が図ることができると判断したときに行う。

第5章 融資取引と念書の取扱い

【書式92】 借用金延期用念書

借用金延期用念書

平成○○年○月○日

株式会社○○銀行　殿

　　　　　　　　　　　住　所
　　　　　　　　　　　債務者　　○○○○　　　　㊞
　　　　　　　　　　　住　所
　　　　　　　　　　　保証人　　○○○○　　　　㊞

1．平成○○年○月○日付債務者○○○○振出貴行宛の約束手形に基づき借用しました金○○○○円也の償還期限は平成○○年○月○日のところ，今般平成○○年○月○日までに延期をご承諾くださいましたについては，今後は前記償還期限まで原契約証書記載の諸条項を遵守いたします。

　なお，本更新期日に前記債務の支払いを怠りましたときには，支払期日の翌日より支払うべき金額に対し年○○％の割合による損害金を付して支払います。

2．本延期証は原契約を更改したものではなく，原契約上の保証人は，原契約ならびに本証の契約を承諾し引き続き連帯保証債務を負担します。

以上

(2) 分割手形の徴求

　「債務承認分割弁済契約証書」を徴求し，各分割弁済期ごとの分割手形を債務の支払確保の手段として徴求し，分割弁済期ごとに手形を支払呈示し，期日決済されるつど融資債権に充当するものである。

　契約の際，無理なく支払える額を決めておけば，期限が若干長期化しても全額回収できるメリットがある。

第5章 融資取引と念書の取扱い

【書式93】 債務承認分割弁済契約証書

債務承認分割弁済契約証書

平成○○年○月○日

株式会社○○銀行　殿

　　　　　　　　　　　　住　所
　　　　　　　　　　　　債務者株式会社○○○○
　　　　　　　　　　　　代表取締役　○○○○　㊞
　　　　　　　　　　　　住　所
　　　　　　　　　　　　連帯保証人　○○○○　㊞

　債務者株式会社○○○○および保証人○○○○は，債務者が平成○○年○月○日銀行取引約定書に基づき，貴行に対して次の債務を負担していることを承認し，その弁済については以下の諸条項に従うことを確約しました。

　金○○○○円也（ただし，平成○○年○月○日債務者が手形によって借り受けた金○○○○○円也の残金）

第1条（元金および利息の支払い等）

　元金および利息の弁済方法は次のとおりとします。

 1．元金は平成○○年○月○日を第1回として分割払いとします。債務者は上記支払いの確保の手段として債権者宛の約束手形15通金○○○円也を作成し，債権者に交付するものとします。

 2．利息は年○○％の割合とし，即時前払いいたします（この場合の計算方法は，年365日の日割計算とします）。ただし，金融情勢の変化その他相当の事由がある場合には，一般に行われる程度の

ものに変更できるものとします。
3．前記延滞利息は，元金弁済後の翌月末迄に全額一括弁済します。
4．損害金
　本債務を履行しなかった場合には，支払うべき金額に対し年○○％の割合の損害金を支払います。この場合の計算方法は年365日の日割計算とします。

第2条（保証）
1．保証人は，債務者がこの契約によって負担するいっさいの債務について，債務者と連帯して保証債務を負い，その履行については，債務者が別に差し入れた銀行取引約定書の各条項のほかこの約定に従います。
2．保証人は，貴行がその都合によって担保もしくは他の保証を変更，解除しても免責を主張せず，債務者の貴行に対する預金その他の債務をもって相殺はしません。
3．保証人がこの契約による保証債務を履行した場合，代位によって貴行から取得した権利は，債務者と貴行との取引継続中は貴行の同意がなければこれを行使しません。もし，貴行の請求があれば，その権利または順位を無償で譲渡します。
4．保証人が貴行に対し，他に保証している場合には，その保証債務は，この保証契約によって変更されないものとします。

以上

(3) 公正証書による期限の延期の場合の念書

公正証書により期限の延期契約を行い,そのなかに「強制執行認諾約款」の条項を入れておけば,執行証書となり(民事執行法22条5号)「債務名義」となるので,強制執行の必要が生じたときには正本に公証人から「執行文」をつけてもらえば,裁判等の手続をとらなくても直ちに強制執行ができる。

第5章 融資取引と念書の取扱い

【書式94】 委任状（公正証書作成用）

委　任　状

　私どもは〇〇〇〇を代理人と定め，〇〇法務局所属公証人〇〇〇〇に委嘱して，下記の事項を内容とする公正証書の作成に必要ないっさいの行為を委任する。

平成〇〇年〇月〇日

　　　　　住　所
　　　　　債務者株式会社〇〇〇〇
　　　　　代表取締役　〇〇〇〇　　㊞
　　　　　住　所
　　　　　連帯保証人　〇〇〇〇　　㊞

記

債務承認ならびに弁済契約

　債務者および保証人は，債務者が平成〇〇年〇月〇日付銀行取引約定書に基づき株式会社〇〇銀行（以下債権者という）に対して次のごとき債務を負担していることを承認し，その弁済について以下の諸条項に従うことを確約した。

1．金弐千万円也　ただし，平成〇〇年〇月〇日債務者が手形によって借り受けた金弐千五百万円也の残金
2．金五拾四万五千参拾円也　ただし，前号の元金に対する平成〇〇年〇月〇日から平成〇〇年〇月〇日までの延滞利息
第1条　元金および延滞利息の弁済方法ならびに利息の支払方法は次のとおりとする。
　　1．元金は，平成〇〇年〇月〇日を第1回とし，以後毎月末日まで

第5章 融資取引と念書の取扱い

に金五拾万円也以上を債権者の○○支店へ持参して返済し，平成○○年○月○日限り完済する。債務者は，その支払いを確保するため，債権者の指示に従って，債務の残額を表示した約束手形を振出してこれを債権者に交付し2ヵ月ごとに書替える。

2．利息は元金に対し年○○％の割合とし，前号による手形書替のつど2ヵ月分を前払いする。

3．延滞利息は，平成○○年○月○日より毎月金五万円也以上を元金の返済方法に準じて弁済し平成○○年○月○日までに完済する。

第2条　前条所定の各弁済期日までに元利金の支払いをしないとき，または期限の利益を失ったとき，以後支払うべき金額に対し年○○％の割合の損害金を支払うものとする。

第3条　本契約による債務について，債権保全のため必要と認められるときは，債権者の請求によって，債務者は直ちに債権者の承認する担保もしくは増担保を差入れ，または保証人をたてもしくはこれを追加しなければならない。

第4条

① 債務者が次の各号の一にでも該当した場合には，債権者から通知催告等がなくても，本契約による債務について当然期限の利益を失ない直ちに債務全額を弁済しなければならない。

1．1回でも第1条各号の割賦金または利息の支払いを遅滞したとき。

2．支払の停止または破産，民事再生手続，会社更生手続開始，会社整理開始，もしくは特別清算開始の申立があったとき。

3．手形交換所の取引停止処分を受けたとき。

4．債務者または保証人の預金その他の債権者に対する債権について仮差押，保全差押または差押の命令，通知が発送されたとき。

5．住所変更の届出を怠るなど債務者の責めに帰すべき事由によって，債権者に債務者の所在が不明になったとき。

② 次の各場合には，債権者の請求によって債権者に対するいっさい債務の期限の利益を失い，直ちに債務を弁済しなければならない。

1．担保の目的物について，差押または競売手続の開始があったとき。

2．債務者が債権者との取引約定に違反したとき。

3．保証人が前項または本項の各号の一にでも該当したとき。

4．前各号のほか債権保全を必要とする相当の事由が生じたとき。

第5条

① 期限の到来または前条によって，本契約による債務を履行しなければならない場合には，その債務と債務者の債権者に対する諸預け金その他の債権とを，期限のいかんにかかわらず，いつでも債権者は相殺することができる。

② 前項の相殺ができる場合には，債権者は事前の通知および所定の手続を省略し，債務者に代わって諸預け金の払戻しを受け，債務の弁済に充当することもできる。

③ 前2項によって差引計算をする場合，債権債務の利息・損害金等の計算については，その期間を計算実行の日までとし利率は債権者の定めによる。

第5章　融資取引と念書の取扱い

第6条　弁済または前条の差引計算の場合，債務全額を消滅させるに足りないときは，債権者が適当と認める順序方法によって充当する。

第7条　保証人は本契約による債務について，債務者と連帯して債務履行の責めを負い，債権者の都合によって担保もしくは他の保証を変更，解除されても異議を申し述べない。

　　　保証人が債務を履行した場合，代位によって債権者から取得した権利は，債務者と債権者との取引継続中は債権者の同意がなければこれを行使しない。

　　　もし，債権者の請求があればその権利または順位を債権者に無償で譲渡する。

　　　保証人が債権者に対しほかに保証している場合には，その保証債務はこの保証契約によって変更されることはない。

第8条　債務者および保証人は，本契約による債務不履行のときは，直ちに債権者によって強制執行を受ける。

第9条　本契約に関して訴訟の必要を生じた場合には，債権者の本店または○○支店の所在地を管轄とする裁判所を管轄裁判所とする。

以上

(注)
(1)　「延期証書」によるか「債務承認分割弁再契約証書」によるか「公正証書」によるかは，債務者との交渉による。
(2)　公正証書作成用委任状は，債務者用のほか銀行用の同文の委任状が必要であり，その分については，銀行の代表取締役の印が必要である。
(3)　債務者，保証人が自然人（個人）の場合は，その職業を記載する必要がある。

(4) 抵当権付債権の延期の場合の念書

　設備資金など抵当権付の融資債権が経済状況の変動により約定弁済が困難となり，期限延期の申出を受ける場合がある。

　約定弁済ができないということは，融資先が何らかの問題を含んでいることで，倒産の可能性もある訳であるから慎重に対処する必要がある。

　抵当権が設定登記されていても，融資先から民事再生手続を申立てられ，担保権消滅許可制度（民事再生法148条～153条）に基づき抵当権が消滅させられることもあるので債権管理には従来以上に注意が肝要である。

　ほかに，抵当権付債権の期限の延期について注意すべき諸点をあげておく。

　一般的にいえば，抵当権は債権に付従する（債権が成立しなければ抵当権は成立せず，債権が消滅すれば抵当権も消滅する。また，債権が存続する限り時効の問題を除けば，抵当権も存続する）ので，被担保債権の同一性が失われない限り抵当権は引続き債権を担保している。

　債権の同一性に影響があるのは，債務の要素の変更がある場合（民法513条）などであって，単に支払期日を延期するだけでは債務の要素の変更とはならない。

　したがって，理論的には延期申出を承諾したときも，延期の条件を当事者間で決めれば，それでよいことになる。

　手形による債権を新しい手形に書替えることで，期日を延期する方法は，新手形による更改があったものとみられるおそれがあるし，期限の利益喪失条項との関係から，新期限を明確にすることが好ましい点もある。

　これらのことから，実務上は，期限延期の申出に対しては，後日債権の同一性に問題が生じないように弁済期変更契約証書を徴求しておく。

なお，弁済期の定めは，抵当権についての登記事項ではないので，期限を延期しても登記する必要はない。利息の割合を変更する場合で，利率を高くするときには，後順位抵当権者の利益を害するので，その承諾書を添付しないと付記登記による利息の割合の変更ができない（不動産登記法66条）。

根抵当権付債権については，期限の延期をしても，その根抵当権の確定前であれば，とくに注意を要しないが，確定後は普通抵当権と同様に，債権の同一性を失わないように注意する。

第5章 融資取引と念書の取扱い

【書式95】 弁済期変更契約証書

〈差入形式〉

弁済期変更契約証書

平成○○年○月○日

株式会社○○銀行　殿

　　　　　　　　　　　　　　住　所
　　　　　　　　　　　　　　債務者
　　　　　　　　　　　　　　株式会社　○○○○
　　　　　　　　　　　　　　代表取締役　○○○○　㊞
　　　　　　　　　　　　　　連帯保証人　○○○○　㊞

　債務者株式会社○○○○（以下乙という）は平成○○年○月○日付抵当権設定金銭消費貸借契約（以下原契約という）をもって、債権者株式会社○○銀行（以下甲という）に対し金弐千万円也の債務を負担し、これが担保として後記記載の乙所有不動産に○○法務局○○出張所平成○○年○月○日受付第123号をもって、第2順位の抵当権を設定しているところ今般上記債務の弁済期限の変更契約を下記のとおり締結した。

第1条　原契約第1条に定めた弁済期限
　　　　平成○○年○月○日とあるのを更に平成○○年○月○日に変更した。

第2条　本契約は期限の定めについて変更契約を締結したのみであって、そのほかに関する条項いっさいはすべて原契約の条項を適用もしくは準用して違背しないことを乙は誓約する。

第3条　連帯保証人○○○○は、本変更契約を承認し、原契約および本契約の条項に従ってその責に任ずる。

記

　物件の表示　〈略〉

　　　　　　　　　　　　　　　　　　　　　　　　以上

第5章 融資取引と念書の取扱い

【書式96】 弁済期変更契約証書

〈契約書形式〉

弁済期変更契約証書

平成○○年○月○日

　　　　　　　　　　住　所
　　　　　　　　　　　（甲）株式会社○○銀行○○支店
　　　　　　　　　　　支店長　○○○○
　　　　　　　　　　住　所
　　　　　　　　　　　（乙）株式会社　○○○○
　　　　　　　　　　　代表取締役　○○○○　㊞
　　　　　　　　　　住　所
　　　　　　　　　　　連帯保証人　○○○○　㊞

　株式会社○○銀行（以下甲という）と株式会社○○○○（以下乙という）は，金員貸借に関し下記の変更契約を締結する。

第1条　甲と乙との間における平成○○年○月○日付金銭消費貸借契約証書（以下原契約という）に基づく債務金弐千万円也（現在残元金九百万円也）に対し，今般双方の合意をもって原証書中元金の弁済期限，償還方法を下記のとおり変更する。
　　1．弁済期限　平成○○年○月○日
　　2．償還方法　期日一括返済

第2条　原証書に記載する各約款は，本契約により変更された部分を除き，いぜんとしてその効力を保持し，原契約を更改したものではないことを確認する。

第3条　原証書に保証した連帯保証人○○○○は，引続き保証することを承諾した。

　　　　　　　　　　　　　　　　　　　　　　　　　　以上

(注)
1. 物件が第三者提供の抵当権付債権についての弁済期の延期であっても、その変更契約は、銀行と融資先との間において行う。
2. 第三者提供の場合の抵当権設定者と保証人の承諾は、期限延期の要件ではないが、利害関係があるので承諾をとる。

2　商手支払期日の延期の場合の念書

　割引手形の支払人が、期日に決済ができず、割引銀行に何ヵ月か手形の期日を延期してほしい旨依頼するケースがある。これを手形のジャンプということがある。

　この場合、ただ単にその申入れを受入れることなく、相手方の資産調査を行い、資産があるようならば、その資産に担保権を設定することを条件に、期日延期を認める方法もある（この方法については、後記の「抵当権設定債務弁済契約証書」を参照）。

　しかし、資産に担保権を設定することなく、ただ単に手形期日を延期する場合には、次の書式例により、所定の箇所に署名（記名）押印を徴求するとともに、別に新手形を差入れてもらう。

　新手形は、子手形で本契約の担保手形であり、元の旧手形は親手形として、期日には必ず交換呈示して依頼返却をしておくことが必要である。新手形を徴求しても旧手形は親手形であるから相手方に返却してはならない。親手形を何枚かの子手形に分割した場合には、子手形を期日に交換呈示して、決済確認後、親手形に内入するということになる。子手形は直接、手形の振出人から銀行に差入れられたのであるから名宛人は銀行とする。

　また、本契約を行えば、別に商業手形担保差入証は徴求する必要はない。

第5章 融資取引と念書の取扱い

【書式97】 債務承認分割支払依頼書

債務承認分割支払依頼書

平成〇〇年〇月〇日

株式会社〇〇銀行　殿

　　　　　　　　　　　　　住　　所
　　　　　　　　　　　　　株式会社〇〇〇〇
　　　　　　　　　　　　　代表取締役　〇〇〇〇　㊞
　　　　　　　　　　　　　住　　所
　　　　　　　　　　　　　連帯保証人　〇〇〇〇　㊞

　私は，貴行に対し下記手形による債務を負担していることを承認し，次のとおり毎回の支払い元利金を手形金額とし，私振出，貴行宛約束手形15通により分割支払いをすることをご承認ください。

　つきましては，下記の期日のとおり分割支払いを完了した場合は，下記手形を返還されたく，万一期日どおりの支払いを1回でも遅滞した場合では，残額を一括して請求されても異議なく，その場合は年〇〇％の割合による損害金を支払います。

　保証人は，債務者の本債務の履行について債務者と連帯して履行の責めを負います。

記

　平成〇〇年〇月〇日を第1回とし，以後毎月25日かぎり金弐拾万円也を支払い，平成〇〇年〇月〇日までに全額支払う。利息は年〇％の割合とし，毎月元本支払いのつど1ヵ月分宛前払いする。

```
              手形債務の表示
 約束手形　金弐百万円也
 振出日　平成〇〇年〇月〇日
 支払期日　平成〇〇年〇月〇日
 支払場所　〇〇銀行〇〇支店
 受取人　株式会社〇〇〇〇
                                              以上
```

(注)
　　分割払いの手形の支払場所は，その支払人の主取引銀行とする。

3　延期と抵当権設定の場合の念書

　割引手形支払人が期日により手形を決済できず，割引した銀行に分割弁済により支払いたい旨申入れのあることがある。

　その場合，相手方に徴求すべき不動産があれば，次の書式例により抵当権設定債務弁済契約証書を徴求する。

　このほかに，分割弁済する元金（利息を含めてもよい）に応ずる何通かの手形を徴求する。

　そして，この抵当権設定債務弁済契約証書を原因証書として，別に徴求した登記用委任状，印鑑証明書，権利証などにより直ちに登記をすると同時に期日ごとに手形を交換呈示して決済確認後，親手形（不渡となった手形か，または割引していて，依頼返却した元の手形のことをいう）に内入付箋を付けて内入れする。

　このようにしておけば，期日を延期しても，利息は徴求することができるし，また強力な抵当権の効力により，間接に弁済を促進することができ

第5章 融資取引と念書の取扱い

るなどメリットがでてくる。

　今後は，不渡になっても，抵当権が設定されているので債権保全上支障なく，最終的には，抵当物件の処分により回収する。

　なお，注意しておかなければならないことは，銀行と融資取引のない割手支払人は，銀行取引約定書の差入れがないから，本弁済契約証書のなかで契約しておかないと，期限の利益を当然には失なわせることもできないし，また損害金は商事法定利率の年6％が限度となる。

第5章 融資取引と念書の取扱い

【書式98】 抵当権設定債務弁済契約証書

抵当権設定債務弁済契約証書

平成○○年○月○日

住 所
株式会社○○銀行　殿

　　　　　　　　　　　住　所
　　　　　　　　　　　債務者株式会社○○○○
　　　　　　　　　　　　　代表取締役　○○○○　㊞
　　　　　　　　　　　住　所
　　　　　　　　　　　抵当権設定者兼連帯保証人　○○○○　㊞
　　　　　　　　　　　住　所
　　　　　　　　　　　　　連帯保証人　○○○○　㊞

　債務者株式会社○○○○（以下債務者という），抵当権設定者兼連帯保証人○○○○が，株式会社○○銀行（以下債権者という）に対し下記手形債務金弐百万円也および支払期日以降平成○○年○月○日までの延滞利息金五万壱千八百円也を負担していることを承認し，その弁済について以下の諸条項に従うことを確約しました。

記

手形債務の表示
約束手形　金弐百万円也
振出日　平成○○年○月○日
振出人　債務者
振出地　東京都千代田区

支払地　東京都千代田区

支払場所　〇〇銀行〇〇支店

支払期日　平成〇〇年〇月〇日

受取人（裏書人）　〇〇商事株式会社

被裏書人　債権者

第1条　元金および利息の弁済方法は次のとおりとします。

1．元金は毎月25日に金〇〇万円也を支払い平成〇〇年〇月〇日までに完済するものとします。

　　債務者は上記支払確保の手段として各支払期日ごとに債権者宛の約束手形〇通を作成し，債権者に交付するものとします。

2．利息は年〇％の割合とし，元本支払いのつど1ヵ月分宛前払いする（この場合の計算方法は年365日の日割計算とする）。ただし，金融情勢の変化その他相当の事由がある場合には，一般に行なわれる程度のものに変更できるものとします。

3．前記延滞利息の弁済方法は，元金完済後の翌月末迄に全額一括弁済します。

第2条　抵当権設定者は本契約による債務の担保としてその所有する後記物件に抵当権を設定しました。

第3条　第1条所定の期日までに弁済をしないとき，または期限の利益を失ったときは，返済すべき金額に対し年〇％の割合による損害金を支払います。

第4条　債務者が次の各号の一にでも該当した場合には，債権者から通知催告等がなくても，本契約による債務について当然期限の利益を失ない直ちに債務全額を弁済しなければならない。

1．1回でも第1条各号の割賦金または利息の支払いを遅滞したとき。

2．支払の停止または破産，民事再生手続開始，会社更生手続開始，会社整理開始もしくは特別清算開始の申立があったとき。

3．手形交換所の取引停止処分を受けたとき。

4．債務者または保証人の預金その他の債権者に対する債権について仮差押，保全差押または差押の命令，通知が発送されたとき。

5．住所変更の届出を怠るなど債務者の責めに帰すべき事由によって，債権者に債務者の所在が不明となったとき。

② 次の各場合には，債権者の請求によって債権者に対するいっさいの債務の期限の利益を失い，直ちに債務を弁済しなければならない。

1．債務者が債務の一部でも履行を遅滞したとき。

2．担保の目的物について差押，または競売手続の開始があったとき。

3．債務者が債権者との取引約定に違反したとき。

4．保証人が前項または本項の各号の一にでも該当したとき。

5．前各号のほか債権保全を必要とする相当の事由が生じたとき。

第5条

① 期限の到来または前条によって，本契約による債務を履行しなければならない場合には，その債務と債務者の債権者に対する諸預け金その他の債権とを期限のいかんにかかわらず，いつでも債権者は相殺することができる。

② 前項の相殺ができる場合には，債権者は事前の通知および所定

の手続を省略し，債務者に代わって諸預け金の払戻しを受け，債務の弁済に充当することもできる。

③　前2項によって，差引計算をする場合，債権債務の利息，損害金などの計算については，その期間を計算実行の日までとし利率は債権者の定めによる。

第6条　抵当権設定者は債権者の書面による承諾なしに担保物権について所有権の移転，他物権もしくは賃借権の設定または位置，形状の変更等債権者に損害をおよぼすおそれのあるいっさいの行為をいたしません。

第7条　本債務を弁済しなければならない場合には，債権者において任意売買の方法により担保物権を処分し，その代金を本債務の弁済に充当されても異議ありません。

　　　この場合には，抵当権設定者は必要な書類を債権者に交付いたします。

第8条　保証人○○○○は，本債務の履行について連帯保証人となり，本約定履行の責に任じます。

第9条　本契約に関して訴訟または調停等の必要が生じたときは，債権者の本店または○○支店を管轄する裁判所を管轄裁判所と定めます。

　　　物件の表示〈略〉

第5章　融資取引と念書の取扱い

4　延期と金利の変更の場合

　延滞した貸出金について延期を認めるとき，同時のその金利の割合についてもそれを変更することができる。

　その場合，その貸出金について抵当権が設定登記されているときでも，通常の場合はその登記までする必要はない。

　それは，弁済期限の変更は，弁済期自体が登記事項となっていないので，その変更登記ができないし，金利の引き下げをした場合には，たとえその場合の変更登記をしなくても，実質的に変更された金利以上に利息が発生しないので変更登記までの必要がないからである。ただ，金利の引き上げをしたときは，その引上げ分まで優先弁済権を行使しようとするときは，変更登記が必要となる。ただし，その場合には後順位抵当権者の承諾書が必要になる。

【書式99】 弁済期利率変更契約証書(契約書形式)

弁済期利率変更契約証書

　　　　　　　　　　　　　　　　　　平成○○年○月○日
　　　　　　　　　住　所
　　　　　　　　　債権者株式会社○○銀行○○支店
　　　　　　　　　支店長　○○○○　　　　　　㊞
　　　　　　　　　住　所
　　　　　　　　　債務者株式会社○○○○
　　　　　　　　　代表取締役　○○○　　　　　㊞
　　　　　　　　　住　所
　　　　　　　　　連帯保証人　○○○○　　　　㊞

　債務者株式会社○○○○（以下単に乙という)は平成○○年○月○日抵当権設定金銭消費貸借契約（以下単に原契約という)をもって，債権者株式会社○○銀行（以下単に甲という）に対し金弐千万円也の債務を負担し，これが担保として乙所有不動産に○○法務局○○出張所平成○○年○月○日受付第123号をもって第1順位の抵当権を設定しているところ，今般上記の債務の弁済期限ならびに利率の変更契約を下記のとおり締結した。

第1条　原契約第1条第3項に定めた弁済期限平成○○年○月○日とあるのを平成○○年○月○日に変更した。また原契約第1条第3項に定めた利率年3％とあるのを年4％に変更した。

第2条　本契約は期限および利率の定めについて変更契約を締結したのみであって，そのほかに関する条項いっさいはすべて原契約

第5章 融資取引と念書の取扱い

の条項を適用もしくは準用して違背しないことを乙は誓約する。

第3条　連帯保証人○○○○は本変更契約を承諾し，原契約および本契約の条項にしたがってその責に任ずる。

以上

（注）
　利率の引下げについては，保証人の承諾は必要ないが，引き上げについては保証人の承諾がないと，保証人に対抗できない。

第5章 融資取引と念書の取扱い

【書式100】 利率変更登記用委任状

委　任　状

平成〇〇年〇月〇日

住　所
株式会社〇〇銀行
代表取締役　〇〇〇〇　㊞

　私は〇〇〇〇に平成〇〇年〇月〇日付弁済期利率変更契約証書記載のとおりの抵当権の利息の割合の登記申請に関するいっさいの権限を委任する。

第5章 融資取引と念書の取扱い

【書式101】 承諾書（期限延期〈手形書替〉の場合の保証人用）

承 諾 書

平成○○年○月○日

株式会社○○銀行　殿

住　所
連帯保証人　○○○○　　㊞

　私は，債務者○○○○が平成○○年○月○日手形貸付の方法により貴行から借り受け負担する下記債務について，平成○○年○月○日付保証書により債務保証していますが，今般，貴行が債務者の依頼により前記債務の期限を平成○○年○月○日まで延期されることを承諾し，保証人としてその債務全額について，従来どおり債務者と連帯して債務履行の責に任じます。なお，債務の同一性は維持されることを念のため申し添えます。

債務の表示

1．金額　金○○○○円也（現在残高金○○○円也）
2．使途
3．弁済期および方法
4．利息　年○○％ただし，金融情勢の変化その他相当の事由があるときは，貴行は，一般に行われる程度のものに変更することができます。
5．利息支払期および方法
6．損害金　債務を履行しなかったときは，支払うべき金額に対し年○○％の割合の損害金を支払います。この場合の計算方法は年365日の日割計算とします。

以上

第6章

担保・保証と念書の取扱い

第6章 担保・保証と念書の取扱い

①　担保差入に関する念書の作成例

1　建物新築資金の融資の担保差入れに関する念書

　融資実行と担保差入れの時間的関係は，原則的には，担保差入れが融資実行の前か，少なくとも同時であるべきである。

　しかし，現実には，融資実行が先行せざるを得ない場合もある。

　本ケースのように，建物新築資金を融資する場合には，初めに土地（底地）だけに担保権を設定しておき，後で建物を完成した時点で，担保として徴求するとか，あるいは融資により取得する物件を後で担保として徴求する場合がある。

　「建物新築」の場合には，融資実行時に，この書式例による〈担保差入れに関する念書（1）〉を徴求しておく。

　抵当権設定契約証書と委任状を日付を入れないで，融資実行時にあらかじめ徴求しておき，担保差入人が後日協力しない場合でもこれらの書類により日付を記入のうえ抵当権設定登記をすることは可能であるが，この方法では，抵当権の目的となる物件（新築建物）がまだ不動産となる前の契約であるから，この抵当権設定登記は無効となる。

　抵当権は，目的物件が現存特定している場合に有効となる。本ケースの場合には，建物は新築されていないので「現存・特定」の要件が具備していないからである。

　したがって，本念書を融資実行時に必ず徴求しておかなければならない。

　建物が新築されても，融資先が（根）抵当権設定登記に協力しない場合には，不動産登記簿を閲覧して，表示の登記，保存登記がなされていないときには，債権者代位権（民法423条）による代位の登記を行う。その後，

第6章　担保・保証と念書の取扱い

　融資先に対して，本訴を提起して，勝訴判決により（根）抵当権設定登記をすればよい。

　しかし，本訴により「確定判決」を得るまでには，相当の期間を要するので，その間にその建物が第三者から（根）抵当権設定登記されたり，売却されてしまうこともあり得る。

　そのため，まず（根）抵当権の順位を保全するため，（根）抵当権の仮登記をしなければならない。
この方法として，裁判所から仮登記を命ずる処分を得て，その正本を添付すれば，銀行が単独で仮登記の申請ができる（不動産登記法107条，108条）。

　この仮登記を命ずる処分を裁判所に申立てるときの「疎明資料」がこの「担保差入れに関する念書」である。

　したがって，この念書が徴求してあれば，最終的には，たとえ融資先の協力が得られないときでも，（根）抵当権の本登記が可能となるのである。

第6章 担保・保証と念書の取扱い

【書式102】 担保差入に関する念書（建物新築資金融資の場合）

担保差入に関する念書

平成○○年○月○日

東京都千代田区丸の内○丁目○番○号
株式会社○○銀行　殿

　　　　　　　　　　東京都中央区京橋○丁目○番○号
　　　　　　　　　　株式会社　山田商会
　　　　　　　　　　代表取締役　山田一郎　　㊞

　当社（または私）が，このたび貴行からの借入金等により新築する下記物件は，平成○○年○月○日頃竣工予定につき，同物件を竣工と同時に遅滞なく貴行に借入金の担保として差入れすることを確約いたします。
　なお，万一この約定に違反した場合には，貴行の請求により期限の利益を失い，直ちにすべての債務を弁済いたします。

記

物件の表示
…（略）…

第6章 担保・保証と念書の取扱い

2 根抵当権の追加担保とする場合の担保差入れに関する念書

本書式例（2）は，融資対象物件を根抵当権の追加担保として差入れてもらうためのものである。

なお，普通抵当権の場合は「平成〇〇年〇月〇日付金銭消費貸借および抵当権設定契約（債権額金〇〇〇円也）の追加担保」とする。

【書式103】 担保差入に関する念書（根抵当権の追加担保）

担保差入に関する念書

平成〇〇年〇月〇日

東京都千代田区丸の内〇丁目〇番〇号
株式会社〇〇銀行　殿

東京都中央区京橋〇丁目〇番〇号
株式会社　山田商会
代表取締役　山田一郎　㊞

　当社（または私）が，このたび貴行からの借入金等により取得する下記物件は，平成〇〇年〇月〇日頃所有権移転の予定につき取得と同時に遅滞なく平成〇〇年〇月〇日付根抵当権設定契約（極度額金参千万円也）の追加担保として順位第1番をもって差入れることを確約いたします。

　なお，万一この約定に違反した場合は，貴行の請求により期限の利益を失い，直ちにすべての債務を弁済いたします。

記

物件の表示
…（略）…

第6章 担保・保証と念書の取扱い

3 増担保差入契約書

【書式104】　増担保差入契約書

増担保差入契約書

平成〇〇年〇月〇日

東京都千代田区丸の内〇丁目〇番〇号
株式会社〇〇銀行　殿

　　　　　　　　　　　東京都中央区京橋〇丁目〇番〇号
　　　　　　　　　　　債務者　株式会社　山田商会
　　　　　　　　　　　代表取締役　山田一郎　　㊞
　　　　　　　　　　　同　　所
　　　　　　　　　　　抵当権設定者　山田一郎　㊞

　貴行と債務者株式会社山田商会間における平成〇〇年〇月〇日付抵当権設定金銭消費貸借契約証書に基づく貴行債権参千万円也（現在額金弐千万円也）の担保として，平成〇〇年〇月〇日東京法務局京橋出張所受付第〇〇号をもって抵当権設定の登記を受けた物件に，今般さらに下記物件を追加し，これに抵当権を設定いたします。

記

追加不動産の表示
…（略）…

　債務者の署名（記名）押印は，契約成立の要件ではないので，それを省略し，抵当権設定者の署名（記名）押印だけでもよい。既存抵当権については，設定済の抵当権の登記事項証明書の記載事項と照合して記入する。なお，根抵当権の増担保については，この書式例によることはできない。

第6章　担保・保証と念書の取扱い

　登録免許税は，既存抵当権の登記済謄本などを添付することにより金額による登録免許税は必要なく，追加物件の数による登録免許税のみ納付すればよい。収入印紙は，通常の抵当権の設定の場合と同じである。

　登記用委任状は，抵当権設定登記用委任状（制定用紙）を使用すればよい。

第6章 担保・保証と念書の取扱い

２ 不動産担保の念書

1　担保物件と問題点

　個人や法人は，社会生活を営むうえで，金銭の借入などの金融取引を行うことが必要不可欠である。その金融取引は，企業の生産活動に基づくものから，市民の消費生活にいたるものまで目的はいろいろである。

　このような金融取引が円滑に行われるためには，期日に弁済が確実になされることが必要である。この弁済を確実にするための手段として担保物権がある。融資先または第三者に属する「物」のうえ，融資債権の履行確保のために銀行が優先的に権利を行使することを法律上認められた物権を担保物権という。ところが，一口に「物」といってもいろいろあり，いちおう，動産と不動産に区別される。ここでは，そのうち不動産担保に焦点をしぼり，その管理について考察する。

　＜不動産担保の事後管理の注意点＞

　不動産を担保に徴求しても，事後管理に注意していないと，年月の経過ともに，平家が二階建になったり，更地のうえに未登記建物が建築されたりして，いよいよ，担保権を実行しようとしても，（根）抵当権の設定してある物件と，現実に存在する物件との間に同一性がなく，申立てできないこともある。

　この場合に大きな意味をもってくるのが「念書」である。不動産登記簿の記載がどのように変化したのか，その「物」のうえにも（根）抵当権の効力がおよぶ旨の「念書」を担保提供者より徴求し，確定日付をとるという，こうした書面の有無が銀行の担保処分について大きな威力を発揮することを銘記すべきである。

第6章 担保・保証と念書の取扱い

2 現状と登記面が不一致の場合

【書式105】 現状と登記面が不一致の場合の念書

念　書

平成〇〇年〇月〇日

株式会社〇〇銀行　殿

　　　　　　　　　　　　住　所
　　　　　　　　　　　　（A）債務者　　　　　　㊞
　　　　　　　　　　　　住　所
　　　　　　　　　　　　（B）（根）抵当権設定者　㊞

　BがAの貴行に対する債務の担保として，平成〇〇年〇月〇日付（根）抵当権設定契約により，貴行に差入された担保物件のうち下記1記載の物件の現況は2に記載されたとおりになっております。

　1の表示は不動産登記面に基づくものでありますが2に表示の物件と同一であることを確認いたします。

　なお，Bは貴行の請求があり次第，更正または変更の登記を行うことを確約しAはこれを保証します。

　また，貴行がBに代わって前記の登記を申請されても異議ありません。

　念のため，本書を差入れます。

記

1．契約記載の登記面の表示
2．現状の表示

(注)
1．担保物件の登記面の表示が現状と異なる場合に徴求する。
2．その後，現状に合致した更正または変更の登記を行う。
3．本書には「確定日付」をとっておくこと。

第6章 担保・保証と念書の取扱い

3 実測と登記面の土地面積が不一致の場合

【書式106】 実測と登記面の土地面積が不一致の場合の念書

念　書

平成○○年○月○日

株式会社○○銀行　殿

住　所

（根）抵当権設定者　　　　　㊞

　別紙平成○○年○月○日付（根）抵当権設定契約証書により，貴行に対して（根）抵当権を設定済の下記土地は○○○の理由により，不動産登記簿上の面積が○○○平方メートルに対して，実測面積は○○○平方メートルになっております。

　つきましては，下記事項を確約します。

記

1．上記（根）抵当権の目的土地が不動産登記簿上に表示された土地と同一であること。
2．目的土地の全部に上記（根）抵当権の効力がおよぶこと。
3．貴行の請求があれば，直ちに表示変更の登記を行うこと。
4．〈物件の表示〉〈略〉

（注）
1．（根）抵当権設定契約証書の土地の記載は表示登記のとおりに記入されているのが通例である。しかし，縄延びといい，実測よりも小さく登記されているケースがみられる。その結果，登記面の面積と実測面積が異なることになる。
2．実測面積の全部に（根）抵当権の効力がおよばないと，後日処分のときに問題が生ずるおそれがある。更正登記や変更登記には，隣接地主全員の承諾が必要のため実務上，困難のことが多い。このため，この念書により，それを補完するものである。

第6章 担保・保証と念書の取扱い

4 未登記建物がある場合の念書

【書式107】 未登記建物がある場合の念書

念　書

平成○○年○月○日

株式会社○○銀行　殿

住　所
　（A）債務者　　　　　　　㊞
住　所
　（B）（根）抵当権設定者　㊞

　BがAの貴行に対する債務の担保として，平成○○年○月○日付（根）抵当権設定契約により後記1記載の土地を担保に差入れていますが，同土地上に後記2記載の未登記の建物が存在しています。
　BならびにAは，後記建物はBの所有に相違ないことを確認するとともに次の各事項を確約します。
1．前記（根）抵当権の効力は後記2記載の物件におよぶこと。
2．貴行の担保権に基づく不動産競売または任意処分により後記1記載の土地の所有権を第三者が取得したときは後記2記載の物件の所有権も当然に第三者に移転すること。
3．Bが後記2記載の物件の所有権保存の登記を行ったときは，直ちに貴行に対して追加設定の登記を行います。また，貴行の請求があれば直ちにこの登記手続を行います。
4．貴行が必要と認められるときは，前項の登記手続をBに代わり申請しても異議はありません。
5．貴行の請求があれば後記2記載の物件を撤去します。また貴行が私に代わり撤去しても異議はありません。その費用は，私どもが負担します。

記

（根）抵当権の表示〈略〉
1．土地の表示
2．未登記物件の表示

第6章 担保・保証と念書の取扱い

(注)
1．不動産登記面は更地となってはいるが，現実には未登記の建物が存在している場合に徴求する。
2．建物に保存登記がなされていなければ，(根)抵当権の設定登記を行うことできない。
3．未登記の建物であっても，(根)抵当権の設定契約をしていれば，(根)抵当権の効力は生ずる。ただし，(根)抵当権の実行（担保不動産競売）には(根)抵当権の登記のある登記事項証明書の提出が必要のため，任意処分によるしかない。
4．この念書を徴求していても，建物が保存登記され，第三者のために(根)抵当権を設定登記されれば，その登記は有効であるから，常日頃の事後処理（登記記録の閲覧など）が必要である。

第6章 担保・保証と念書の取扱い

5 付属建物を建てる場合の念書

【書式108】 付属建物を建てる場合の念書

念　書

平成○○年○月○日

株式会社○○銀行　殿

　　　　　　　　　　　住　所
　　　　　　　　　　　債務者　　　　　　　㊞
　　　　　　　　　　　住　所
　　　　　　　　（根）抵当権設定者　　　　㊞

　平成○○年○月○日付（根）抵当権設定契約証書により貴行に対して（根）抵当権を設定した下記建物について，今般，付属建物（物置）を建てることとしました。
　つきましては，下記事項を確約します。
1．今般増築する建物についても，上記の（根）抵当権の効力がおよぶこと。
2．増築する当該建物が完成しだい，後記建物の付属建物として登記すること。

記

〈物件の表示〉
〔略〕

（注）
1．物置など，主たる建物に付属する建物が建築される場合。
2．登記がまだなされていないときに提出を受ける。
3．付属建物とは，一不動産一登記用紙の原則から，主たる建物と同一の登記用紙に記載されている建物のことをいう。
4．仮に，登記が別用紙になされると，独立建物となるから注意が必要である。その場合には，追加（根）抵当権設定契約が必要となる。

6　地主の承諾書

【書式109】　地主の承諾書

承　諾　書

平成○○年○月○日

株式会社○○銀行　殿

　　　　　　　　　　住　所
　　　　　　　　　　地　主　　　　　㊞

　私は，下記の賃貸借契約に基づき○○○○殿に下記土地を貸与していますが，この土地に○○○○殿が住宅を建築し，その建物に対し，貴行において（根）抵当権を取得されるについて，下記条項を承諾します。

1．貴行が，将来（根）抵当権の実行や任意売却により，第三者がこの建物の所有権を取得したときは，その者に引続き下記土地を貸与すること。
2．（根）抵当権存続中，貸地について，地代の延滞などの理由により，賃貸借契約を解除しようとする場合には，あらかじめ貴行に通知します。

記

1．貸地の所在地番
2．貸地の面積
　○○○○平方メートル
3．貸地の地目　宅地
4．貸地の契約　賃貸借
5．土地賃貸料
　1ヵ月　　　　円也
　（1平方メートルあたり○○○円也）
6．貸地の契約期間
　自　平成○○年○月○日
　至　平成○○年○月○日

第6章 担保・保証と念書の取扱い

（注）
1．借地上の建物を担保として徴求する場合に地主から提出を受ける。
2．第三者に引続き貸与する条項について，地主が難色を示したときは，削除してもよい。賃貸人の承諾にかわる裁判所の許可も可能のためである（借地借家法19条，20条）。
3．しかし，地代の延滞などにより，賃貸借契約が解除されると，建物を収去しなければならず，その結果，（根）抵当権が消滅することになるので，銀行に通知する旨の条項は必ず記入してもらうこと。
　　その場合には，銀行が一時，地代を立替えて，賃貸借契約が消滅しないようにする必要がある。

第6章 担保・保証と念書の取扱い

7 権利能力なき社団から担保を徴求する場合の念書

【書式110】 権利能力なき社団から担保を徴求する場合の念書

念　書

平成○○年○月○日

株式会社○○銀行　殿

　　　　　　　　　　住　所
　　　　　　　　　　○○商店会
　　　　　　　　　　代表者　　　　　　　㊞
　　　　　　　　　　住　所
　　　　　　　　　　○○商店会
　　　　　　　　　　理　事　　　　　　　㊞
　　　　　　　　　　住　所
　　　　　　　　　　○○商店会
　　　　　　　　　　理　事　　　　　　　㊞

　債務者○○商店会代表者○○○○が，平成○○年○月○日付抵当権設定金銭消費貸借契約証書に基づき，貴行よりの借入金債務に対する担保として下記物件を差入れましたが，その物件は当商店会所有の財産を担保提供したものに相違ありません。
　念のため，本書を差入れます。

記

〈物件の表示〉
〔略〕

（注）
1．商店会とかP・T・Aのような権利能力なき社団は，社団の財産を社団名義で登記することは，現行法ではできない。
　　したがって，代表者の個人名義で登記するしかない。
2．このため，後日のため，物件が代表者個人のものか権利能力なき社団のものかをはっきりさせる念書を徴求しておくのである。

第6章 担保・保証と念書の取扱い

③ 特殊な不動産担保と念書

1 抵当権設定登記留保用の念書

【書式111】 抵当権設定登記留保用の念書

念 書

平成○○年○月○日

株式会社○○銀行　殿

住　所
債務者
兼担保提供者　　　　　㊞

　私は，下記物件を，貴行に対する下記借入金債務を担保するため，第○順位の抵当権を設定することを承諾しました。
　ついては，貴行の承諾を得ることなしに，下記不動産を第三者に担保として差入れたり，処分することはいたしません。
　したがって，抵当権の設定の登記を留保していただきたくご依頼いたします。
　登記済証（権利証），登記用委任状，印鑑証明書などの書類を提出します。
　なお，新印鑑証明証は3ヵ月ごとに提出します。
　貴行が必要と認められましたときには，直ちに登記されても異議ありません。
　念のため，本書を差入れます。

記

〈物件の表示〉
〔略〕

第6章　担保・保証と念書の取扱い

(注)
1. 抵当権設定契約証書は，通常の場合と同様に徴求する。
   抵当権設定契約証明書には，確定日付をとっておく。
2. 権利証，登記用委任状，印鑑証明書を管理し，いつでも登記できるように留意する。
3. 登記していないので，第三者対抗要件はない。したがって，他の債権者が抵当権を設定すると，当然劣後するので，取扱いは信用のある融資先のみに限定する。
4. 法人の所有物件で，その法人の代表者が変更（交代，死亡など）したときは，新代表者と抵当権設定契約をし，書類は，新代表者名でとりなおす必要がある。
5. 不動産登記法の全文改正により，オンライン申請の登記所では手続が異なるので注意する。

4 根抵当権の譲渡に関する念書

　確定前の根抵当権については，普通抵当権のように，譲渡・放棄，順位の譲渡・放棄などは認められていない。確定前の根抵当権には，絶対的効力のある根抵当権の全部譲渡，分割譲渡，一部譲渡の三つの制度が認められている。以下それぞれについて説明する。

1　全部譲渡の場合

　根抵当権の全部譲渡とは，根抵当権者が，自己の有する根抵当権を第三者に譲渡し，その譲渡人が根抵当権者になることをいう。

①全部譲渡は，A企業に対する甲銀行の根抵当権付債権を肩代わりするため，乙銀行がA企業に融資を実行する場合に，乙銀行は甲銀行から，その根抵当権の全部譲渡を受ける。

②甲銀行のB支店の営業を廃止して，その営業を乙銀行に譲渡する場合に，甲銀行は乙銀行に，融資債権とともに根抵当権を全部譲渡する。

　根抵当権に随伴性が認められていないので，被担保債権の譲渡のほかに，根抵当権の全部譲渡が必要となる。

　根抵当権の全部譲渡は，譲渡人（根抵当権者）と譲受人との間の契約のほか，担保物件所有者（根抵当権設定者）の承諾が必要である。

　なお，債務者の承諾は必要ない。

第6章 担保・保証と念書の取扱い

【書式112】 根抵当権譲渡契約証書（全部譲渡用）

根抵当権譲渡契約証書

（全部譲渡）

平成○○年○月○日

根抵当権譲受人

株式会社○○銀行　御中

　　　　　　　　　　　　　住　所
　　　　　　　　　　　　　根抵当権
　　　　　　　　　　　　　譲渡人　株式会社○○銀行
　　　　　　　　　　　　　代表取締役　　　　　　　㊞
　　　　　　　　　　　　　住　所
　　　　　　　　　　　　　根抵当権
　　　　　　　　　　　　　設定者　　　　　　　　　㊞
　　　　　　　　　　　　　住　所
　　　　　　　　　　　　　債務者　株式会社○○○○
　　　　　　　　　　　　　代表取締役　　　　　　　㊞
　　　　　　　　　　　　　住　所
　　　　　　　　　　　　　連帯保証人　　　　　　　㊞

第1条（全部譲渡）

　譲渡人は，平成○○年○月○日付根抵当権設定契約により後記物件の上に設定された極度額金○○○円也の確定前の根抵当権（平成○○年○月○日○○法務局○○出張所受付第○○号登記済）を譲受人に全部譲渡しました。

第2条（被担保債権の範囲の変更）

　根抵当権設定者は，前条による譲渡後の根抵当権の被担保債権の範囲を，次のとおり変更することを約定しました。

被担保債権の範囲

変更前

① 銀行取引によるいっさいの債権

② 貴行が第三者から取得する手形・小切手上の債権

③ 平成〇〇年〇月〇日債権譲渡契約により根抵当権譲渡人から根抵当権譲受人が譲受けた平成〇〇年〇月〇日付金銭消費貸借契約による金〇〇〇円也の債権

第3条（債務者・保証人の承諾）

　債務者・保証人は，第1条の根抵当権の譲渡を異議なく承諾しました。

記

1．物件の表示　〈略〉

2．順位番号　〈略〉

3．所有者　〈略〉

(注)

　債務者・保証人の承諾は，全部譲渡の要件ではないが，念のため徴求する。

2 保証人の代位弁済

　確定前の根抵当権付債権について，保証人から代位弁済を受けても，随伴性が否定されているので（民法398条の7），保証人に根抵当権は移転しない。

　そこで，代位弁済した保証人に根抵当権の全部譲渡（民法398条の12）か根抵当権の一部譲渡（民法398条の13）を行うこととなる。

　そのためには，次の根抵当権設定者の承諾が必要である。

【書式113】　根抵当権譲渡承諾書（代位弁済者用）

根抵当権譲渡承諾書

　　　　　　　　　　　　　　　　　　　　　　平成○○年○月○日

根抵当権者
株式会社○○銀行殿

　　　　　　　　　　　　住　所
　　　　　　　　　　　　根抵当権
　　　　　　　　　　　　設定者　　　　　　　　　　㊞

　私は，貴行が平成○○年○月○日付根抵当権設定契約により，後記物件のうえに設定した根抵当権（平成○○年○月○日地方法務局○○出張所受付第○○号登記済）を，平成○○年○月○日○○○○殿（代位弁済者）に譲渡することを異議なく承諾しました。

　　　　　　　　　　　　　　　　記

〈物件の表示〉　〔略〕

第6章 担保・保証と念書の取扱い

3 共同根抵当権の一部解除と念書

【書式114】　承諾書（共同根抵当権の一部解除）

承　諾　書

平成○○年○月○日

株式会社○○銀行　殿

　　　　　　　　　　　住　　所
　　　　　　　　　　　根抵当権
　　　　　　　　　　　設定者　　　　　　　㊞
　　　　　　　　　　　住　　所
　　　　　　　　　　　連帯保証人　　　　　㊞

　平成○○年○月○日付根抵当権設定契約証書により貴行に対して根抵当権を設定した物件のうち，後記物件については，貴行が設定を解除することを承諾しました。

記

〈根抵当権設定者〉

〈物件の表示〉　　〔略〕

（注）
1. A，B2人の担保提供者がおり，両者の物件は共同担保とする。この場合，Aまたは，銀行の都合により，Aの提供した物件を解除すれば，担保提供者はBのみとなる。そして，Bはすべての損失を受けることになる。このため，Bの立場を保護するのが民法504条である。
2. このため，銀行取引約定書に担保保存義務免除の特約がある。しかし，この特約にも自ら限界があるので，このような場合に本書式例による承諾書を徴求しておく。

第6章 担保・保証と念書の取扱い

4 根抵当権の分割譲渡と念書

【書式115】 根抵当権譲渡契約証書（分割譲渡用）

根抵当権譲渡契約書

（分割譲渡用）

平成〇〇年〇月〇日

根抵当権譲受人
譲渡株式会社〇〇銀行　御中

　　　　　　　　　　　住　所
　　　　　　　　　　　根抵当権
　　　　　　　　　　　譲渡人　株式会社〇〇銀行
　　　　　　　　　　　代表取締役　　　　　　　㊞
　　　　　　　　　　　住　所
　　　　　　　　　　　根抵当権
　　　　　　　　　　　設定者　　　　　　　　　㊞
　　　　　　　　　　　住　所
　　　　　　　　　　　債務者　株式会社〇〇〇〇
　　　　　　　　　　　住　所
　　　　　　　　　　　連帯保証人　　　　　　　㊞

第1条（分割譲渡）

　譲渡人は，平成〇〇年〇月〇日付根抵当権設定契約により後記物件の上に設定された極度額金〇〇〇円也の確定前の根抵当権（平成〇〇年〇月〇日〇〇法務局〇〇出張所受付第〇〇号登記済）について，極度額金〇〇円也の根抵当権を分割し，これを譲受人に譲渡し

第2条（被担保債権の範囲の変更）

　根抵当権設定者は，前条による譲受人の根抵当権の被担保債権の範囲を，次のとおり変更することを約定しました。

被担保債権の範囲

　変更前　①　銀行取引によるいっさいの債権
　　　　　②　貴行が第三者から取得する手形・小切手上の債権
　変更後　平成〇〇年〇月〇日債権譲渡契約により根抵当権の分割譲渡人から譲受人が譲受けた平成〇〇年〇月〇日手形貸付債権金〇〇〇円也

第3条（債務者・保証人の承諾）

　債務者・保証人は，第1条の根抵当権の分割譲渡を異議なく承諾しました。

記

〈物件の表示〉　〔略〕

5 手形貸付に普通抵当権を設定した場合

　手形貸付に抵当権を設定するときには，根抵当権を設定しなければならない。

　証書を併用しない手形貸付に不動産担保を徴求するときは，手形の書替えによって，被担保債権の同一性が切断されるとみられるおそれがあるので，根抵当権を設定したほうがよい。

　証書併用でない手形貸付に普通抵当権を設定してしまった場合で，根抵当権を設定できないときに，普通抵当権を有効に存続させていく方法は，次のようにする。

　第1に手形を書替えても旧手形を返却しない方法。第2に融資先との関係で，やむを得ず手形を返却しなければならない場合には【**書式116**】の「**念書**」を徴求して，被担保債権の同一性が切断されないようにしておけば，普通抵当権は有効に存続する。

第6章 担保・保証と念書の取扱い

【書式116】 念書（旧手形を返却する場合）

念　書

平成〇〇年〇月〇日

株式会社〇〇銀行　殿

　　　　　　　　　　住　所
　　　　　　　　　　債務者　　　　　　　　㊞

　私が平成〇〇年〇月〇日貴行より借入れました手形借入金については，債務金額〇〇〇円也を表示した約束手形を振出し，その後弁済期限に至るまで残債務を手形金額として〇〇か月ごとに書替えをいたします。

　ついては，書替済の旧手形はご返却ください。

以上

第6章 担保・保証と念書の取扱い

6 根抵当権の一部譲渡と念書の取扱い

[4]で解説した分割譲渡は，1個の根抵当権と極度額の範囲で2個の根抵当権に分割し，そのうちのひとつを第三者に譲渡するものであるのに対して，一部譲渡とは，一人の根抵当権者が持っていた1個の根抵当権を2人以上で共有することをいう。そして，一部譲渡により，共有者となった人の被担保債権は，すべて担保される。

根抵当権実行による配当金は，共有者間で，債権額に比例して受取るのが原則であるが，共有者間の取り分について，根抵当権の確定前に，その定めを登記すると，配当の割合は，その定めによることになる（民法398条の4）。

この定めを，「優先の定め」といい，次のものがある。

① 「甲7と乙3の割合で配当を受ける」という割合を定める方法。
② 「甲が乙に優先する」「乙が甲に優先する」「500万円まで甲が優先する」などのように優先劣後の定めをする方法がある。

「優先の定め」を変更するには，根抵当権設定者，債務者，後順位（根）抵当権者などの承諾は必要ないが，一部譲渡をするについては，根抵当権設定者の承諾は効力要件として必要である。

第6章 担保・保証と念書の取扱い

【書式117】 根抵当権一部譲渡契約証書（優先関係を定める場合）

根抵当権一部譲渡契約証書

（優先関係を定める場合）

平成○○年○月○日

住　所

根抵当権譲受人
株式会社○○銀行　御中

　　　　　　　　　　　住　所
　　　　　　　　　　　根抵当権
　　　　　　　　　　　譲渡人　株式会社○○銀行
　　　　　　　　　　　代表取締役　　　　　　　　（印）
　　　　　　　　　　　住　所
　　　　　　　　　　　根抵当権
　　　　　　　　　　　設定者　　　　　　　　　　（印）
　　　　　　　　　　　住　所
　　　　　　　　　　　債務者　株式会社○○○○
　　　　　　　　　　　代表取締役　　　　　　　　（印）
　　　　　　　　　　　住　所
　　　　　　　　　　　連帯保証人　　　　　　　　（印）

第1条（根抵当権の一部譲渡）

　譲渡人は，平成○○年○月○日付根抵当権設定契約により後記物件の上に設定された極度額金○○○円也の確定前の根抵当権（平成○○年○月○日○○法務局○○出張所受付第○号登記済）を譲受人に一部譲渡し，譲受人との共有とします。

第2条（優先の定め）

　　前条の根抵当権については，譲受人が譲渡人に優先して弁済を受けるものとします。

第3条（被担保債権の範囲の変更）

　　根抵当権設定者は，第1条による譲受人の根抵当権の被担保債権の範囲を次のとおり変更することを約定しました。

　被担保債権の範囲

　　変更前

　　① 銀行取引によるいっさいの債権

　　② 貴行が第三者から取得する手形・小切手上の債権

　　変更後

　　　平成〇〇年〇月〇日手形貸付による金〇〇〇円也の債権の代位弁済による求償権

第4条（債務者・保証人の承諾）

　　債務者・保証人は，第1条の根抵当権の一部譲渡を異議なく承諾しました。

記

1．物件の表示〈略〉

2．順位番号〈略〉

3．所有者〈略〉

(注)

　　債務者・保証人の承諾は，一部譲渡の要件ではないが，念のため徴求しておく方がよい。

第6章　担保・保証と念書の取扱い

7　担保提供意思の確認のための照会状

　担保提供意思の確認は，保証意思の確認と同様に重要な銀行実務のひとつである。

　どのような価値がある担保を徴求しても，担保提供者にその意思がなければ，担保は無効となる。

　印鑑証明書による実印が押印されている（根）抵当権設定契約書と登記用委任状により登記がなされたからといっても，担保提供意思が存在していなければ，その担保は無効になるので，慎重にその意思確認を行うことが重要である。

　実務上の対応としては，

① 　銀行で面接し，その契約内容のポイントをよく説明し，面前で署名（記名・押印）してもらうこと。

② 　担保提供者（保証人）に次の照会状を発送し，その回答書と契約書の筆跡，印鑑照合を行い確認すること。往復ハガキを封書にし，「親展扱」として発送する。

③ 　実地調査を行うこと。

等のケースによる。

　金融庁の「与信取引（貸付契約及びこれに伴う担保・保証契約）に関する顧客への説明態勢及び相談苦情処理機能の態勢強化のための事務ガイドライン」に基づき保証・担保提供意思の確認は十分に行う必要がある。（11参照）

第6章 担保・保証と念書の取扱い

【書式118】 担保提供の照会状

平成○○年○月○日

○○○○ 殿

株式会社○○銀行○○支店
支店長○○○○ ㊞

拝啓
　毎度お引立てにあずかりありがとうございます。
　さて，このたび○○○○殿より貴殿のご所有にかかる後記物件を担保として，平成○○年○月○日を期日とし，金○○○円也の借入の申出がありました。
　つきましては，万一おまちがいのないこととは存じますが，念のため書面をもってご照会申し上げます。
　なお，上記の件相違ないときは，別紙回答書に署名押印（実印）のうえ，お手数ながら当店までご返送くださいますようお願い申し上げます。

記

〈物件の表示〉[略]

第6章 担保・保証と念書の取扱い

【書式119】 担保提供の回答書

平成○○年○月○日

株式会社○○銀行　殿

住　所

氏　名　　　　　　㊞

（印鑑証明のある印）

回答書

　平成○○年○月○日付照会につき，私は○○○○殿の貴行からの借入につき，担保提供を承諾したことに相違ありません。

8 根抵当権確定請求権の放棄と念書

根抵当権設定者は、債務者が合併した場合に、担保すべき元本の確定を請求することができる（民法398条の9第3項）。

債務者が根抵当権設定者の場合には，確定請求はできない（同条3項ただし書）。

【書式120】　確定請求権放棄用の念書

念　書

平成○○年○月○日

根抵当権者
株式会社○○銀行　殿

住　所
根抵当権設定者○○○○　㊞

住　所
債務者　株式会社○○○○　㊞

平成○○年○月○日付根抵当権設定契約により設定した根抵当権（平成○○年○月○日○○地方法務局○○出張所受付第○○号登記済）の債務者が平成○○年○月○日○○株式会社と合併いたしましたが根抵当権設定者は，確定請求権を放棄しました。

なお，合併のときに存する債務のほか，承継会社がその後負担する債務を担保することに同意します。

念のため，本書を差入れます。

第6章　担保・保証と念書の取扱い

（注）
1. 確定請求権を放棄させて，承継会社との間の根抵当取引を継続する場合に徴求する。
2. 債務者の合併を事由とする確定請求ができるのは、根抵当権設定者が合併を知った日から2週間以内、合併の日より1カ月以内である（民法398条の9第3項）。したがって、合併と同時に本念書を徴求しておくべきである。

9　工場抵当と念書の取扱い

1　工場抵当とは

　工場抵当とは，工場の土地または建物に設定した抵当権の効力を，工場に備付けられた機械・器具その他工場の用に供せられるいっさいのもの（以下工場供用物件という）におよぼさせようとするものである。

　工場抵当は，工場抵当法によって認められた抵当制度であるが，工場財団を設定する複雑な手続を必要としないで簡単に工場施設を担保にできるというメリットがある。

　不動産抵当と工場抵当との差異は，不動産抵当では，土地または建物に抵当権を設定しても，抵当権の効力は付加物におよぶにとどまるのに対し，工場抵当では，その土地または建物の付加物のほか機械・器具その他工場供用物件にもおよぶことになる。

　第2に，不動産抵当では，付加物が抵当権者の同意なく分離されて第三者に引渡された場合には，抵当権者は追及力を主張することができない。しかし，工場抵当では，追及力を主張して第三者から取戻すことができる（工場抵当法5条）。

　ただし，この追及力も第三者が民法192条により即時取得をすれば制限を受ける。

　なお，工場抵当では，抵当権設定登記の際に備付けの機械・器具などについて，工場抵当法3条の規定により「第3条目録」の提出が必要である。工場抵当の登記が完了すると不動産登記簿の一部とみなされ，第三者対抗要件が具備される。

　工場抵当と工場財団抵当との差異は，工場抵当は，工場に属する土地ま

たは建物に備付けられた機械・器具その他工場供用物件に抵当権の効力がおよぶ。工場財団抵当では，工場設備中の諸物件から工場財団の組成物件とするものを選択し，その選択された物件から組成された工場財団に抵当権のおよぶことになる。また，工場財団は，抵当権を設定するために認められたものであるから，所有権および抵当権以外の権利の目的とすることはできない。例外として，抵当権者が同意のうえ工場財団を賃貸することが認められている。工場抵当では，このような制限はない。工場財団の組成物件となり得るものは，他人の権利または（仮）差押もしくは仮処分の目的となっていないものであることを要するが，工場抵当では，このような制限はない。

2　工場抵当設定手続

通常の抵当権設定契約証書の後部に工場抵当法第3条による機械・器具目録を綴込み，当事者が契印する。

工場抵当の登記も一般の不動産に対する抵当権の登記と同様であるが，特に登記用委任状に「工場抵当法第2条による抵当権の設定登記」の旨を明示し，工場抵当法3条の目録を添付する。

第6章 担保・保証と念書の取扱い

【書式121】 工場抵当法第3条による目録

工場抵当法第3条による機械器具目録

東京都練馬区豊玉北〇丁目〇番地

家屋番号　同町〇番

1．木造瓦葺平屋建工場

　　　　　356.50㎡

上記物件の備付の

種　類	構造番号	個　数	製造所名	製造年月日
旋　盤	三呎車式	3台	東京製造所	H10・12・1
電動機	六馬力	5台	不詳	不詳

および以上に付属する物件1式以上

諸機械器具は運転ならびに使用状態における有形のまま。

（注）
1．本目録は備付物件ごとに作成する。
2．工場の所有者と機械の所有者の異なる場合は，この方法によることができないので，機械器具の譲渡担保の方法によることとなる。

第6章 担保・保証と念書の取扱い

【書式122】 工場財団の場合

担保物権の表示	順位	所有権
工場財団の表示 1．工場名称および位置 東京都練馬区豊玉北〇丁目〇番地 株式会社山本製作所練馬工場 1．主な営業所 東京都練馬区豊玉北〇丁目〇番地 1．営業所の種類 1．電気器具製造 1．精密機械製造 　　　　　　以上	1	株式会社 山本製作所

(注)
1．工場財団の場合は，物件の目録は必要ない。
2．他の不動産と共有担保することもできる。

第6章 担保・保証と念書の取扱い

【書式123】 委任状

委 任 状

平成○○年○月○日

東京都○○区○○町○丁目○番○号

株式会社○○銀行

代表取締役○○○○　　㊞

（取扱店○○支店）

　私は○○○○に平成○○年○月○日付（根）抵当権設定契約証書記載のとおり，工場抵当法第2条による土地および建物の抵当権設定登記申請に関するいっさいの権限を委任します。

（注）
1．工場抵当は，普通抵当権でも根抵当権でも設定できる。
2．根抵当権の場合も根抵当権設定契約証書に工場根抵当法第3条の目録を添付して登記を申請すればよい。

第6章 担保・保証と念書の取扱い

3 工場供用物件の追加・分離と念書

機械・器具などの工場供用物件が追加された場合には，直ちに所有者に第3条目録の記載の変更登録を請求する必要があり，この手続がなされなかったり，遅滞した場合には，追加物件について優先弁済権が主張できないので注意が必要である。

【書式124】 追加同意書

```
                同 意 書
                              平成○○年○月○日
東京都○○区○○町○丁目○番○号
株式会社○○製作所
代表取締役○○○○　殿

                  東京都○○区○○町○丁目○番○号
                  株式会社○○銀行
                  代表取締役○○○○　㊞


　下記不動産を目的として東京法務局○○出張所平成○○年○月○日受付第○○号順位第○番で登記した抵当権に関する工場抵当法第3条による機械器具につき，下記のとおりに追加による目録変更の登記を申請することに同意する。
１．抵当不動産の表示
　〈略〉
２．追加物件の表示
　旋盤壱台（株式会社○○鉄工所平成○○年○月○日製造第○○号）
```

第6章 担保・保証と念書の取扱い

【書式125】　分離（滅失）同意書

同　意　書

平成〇〇年〇月〇日

東京都〇〇区〇〇町〇丁目〇番〇号
株式会社〇〇製作所
代表取締役〇〇〇〇　殿

東京都〇〇区〇〇町〇丁目〇番〇号
株式会社〇〇銀行
代表取締役〇〇〇〇　㊞

　東京法務局〇〇出張所平成〇〇年〇月〇日受付第〇〇〇号順位第〇番で登記した下記物件の抵当権に関する工場抵当法第3条による機械器具目録のうち，下記物件の分離（または滅失）による目録変更の登記を申請することに同意する。

1．抵当不動産の表示
　〈略〉
2．分離（滅失）する物件の表示
　旋盤壱台（株式会社〇〇鉄工所平成〇〇年〇月〇日製造第〇〇号）

（注）
　分離か滅失のいずれかを抹消して使用する。

第6章 担保・保証と念書の取扱い

4 普通抵当の工場抵当への変更手続と念書

　普通抵当設定登記後に，土地または建物が工場となった場合は，普通抵当権が当然に工場抵当となるわけではなく，普通抵当権を工場抵当とする抵当権設定契約の変更契約を締結し，この変更契約に基づく変更登記の際に第3条目録を提出する。

　変更登記には乙区欄に記入され，利害関係人の承諾ある場合は付記登記で，承諾のない場合は主登記として行われる。なお，主登記の場合は既登記の後順位者には対抗できない。

10 株式担保と処分承諾書

　担保の株式を処分するに際しては，若干問題がある。株価が急落するおそれがあると判断される場合とか保全不足のときには急いで任意処分したほうがよい。しかし，保全が充足していたり，株価が上昇傾向にあるときなどは処分は急がないほうが得策である。

　しかし，その判断はなかなか難しく，高価と思って売却したら翌日から株価が上昇に転じたなどということは往々にしてあり，担保提供者からクレームが出ることがある。そこで次の「処分承諾書」をあらかじめ徴求のうえ処分すれば，未然にトラブルが防げるのである。

【書式126】　担保物件処分承諾書

承　諾　書

平成〇〇年〇〇月〇〇日

株式会社　　　銀行　殿

　　　　　　　　　株式会社
　　　　　　　　　代表取締役　　　　　　　㊞

　私は，貴行に差入中の下記担保物件（株式）を，それぞれ貴行において下記の金額にて処分し，諸費用を差し引き，被担保債権の弁済に充当されることに同意いたします。

　本件処分については，後日何ら異議は申しません。

記

担保物件（株式）の表示（略）
金額の表示（略）

以上

第6章 担保・保証と念書の取扱い

(注)
1．有価証券担保処分の期限は融資先が会社更生法適用の申立をしたときは，開始決定がなされる時までなので注意が必要である。
2．有価証券のみならず，任意処分について，後日トラブルになるおそれがあると判断される場合には，他の担保物件処分にも本書式例を応用するとよい。

11 保　証

　平成15年7月29日に金融庁より「与信取引（貸付契約及びこれに伴う担保・保証契約）に関する顧客への説明態勢及び相談苦情処理機能の態勢強化のための事務ガイドライン」が公表された。

　このガイドラインは，金融機関が貸し手責任において整備しなければならない与信取引（貸付契約及びこれに伴う担保・保証契約）に関する説明態勢および補完する相談苦情処理機能について，主として中小企業向け貸付および個人保証を念頭において，当局が金融機関の内部管理態勢の検証を行う際の着眼点を類型化して例示したものである。

　特に，金融機関の説明義務・説明責任の徹底を中心に顧客との情報共有の拡大と相互理解の向上に向けた取組みを促し，リレバンの機能強化も図るものである。

　その主なものは，個人保証契約については，保証債務を負担するという意思を形成するというだけでなく，自らが実際に保証債務を履行する事態をも想定した説明を行うことが求められている。

　保証契約にあたっては，契約の内容を説明し，保証意思があることを確認したうえで，行職員の面前で契約者本人から契約書に自署・押印を受けることを原則としているか，例外的に書面等による対応については，顧客保護および法令等遵守（コンプライアンス）の観点から十分な検討を行ったうえで，行内規程等で明確な取扱い方法を定め，その遵守のための実効性の高い内部牽制機能が確立されていることも問題とされている。

　そして，保証契約書等については，その写しを交付すること等により顧客が契約内容をいつでも確認できるようにしておくことと，銀行としては，

第6章 担保・保証と念書の取扱い

説明義務を果たしたことを明確にして後日の証拠を残しておくことも重要である。

次に，貸金債務の根保証について，個人の保証人（法人の保証人は含まれない）を保護することを目的として「民法の一部を改正する法律」（平成16年法律第147号）が平成16年12月1日に公布された（以下新法という）。

新法は民法465条の2～465条の5の規定として新設されている。新法によると，

① 根保証には極度額と元本確定期日を設定しなければならないこと。
② 元本確定事由を設けること。

などが定められた。

極度や保証期間を定めない包括根保証は無効とされた。そのほか，根保証を要式行為とすることなどが定められている（新法446条2項）。また電磁的記録により作成された保証契約も書面によってなされたものとみなされることになっている（新法446条3項）。

なお、平成29年5月26日に成立した改正民法のうち連帯保証人となるには、公証人との面談が必要になったことにも注意が必要である。

第6章 担保・保証と念書の取扱い

【書式127】 保証約定書（個人保証の場合）

保証約定書（個人保証用）

平成○○年○月○日

株式会社○○銀行　殿
（取扱店　　　　　）

　　　　　　　　　　　　　住　所
　　　　　　　　　　　　　保証人　　　　　　　㊞
　　　　　　　　　　　　　住　所
　　　　　　　　　　　　　債務者　　　　　　　㊞

　保証人は，債務者と貴行との間で合意した銀行取引約定書第1条に規定する取引に基づき貴行に対して現在および将来負担するいっさいの債務について，債務者と連帯して保証債務を負い，その履行については上記銀行取引約定書のほか，次の条項に従います。
　第1条　保証債務の極度額と元本確定期日は次のとおりとします。
　　①　保証極度額　金○○○○円也
　　②　元本確定期日　平成○○年○月○日
　第2条　保証人は，債務者の貴行に対する預金その他の債権をもって相殺はしません。
　第3条　保証人は，貴行がその都合によって担保もしくは他の保証を変更，解除しても免責を主張しません。
　第4条　保証人が債務者と貴行との取引について，ほかに保証している場合には，その保証はこの保証契約によって変更されないものとし，またほかに極度額の定めのある保証をしている場合には，その保証極度額にこの保証の額を加えるものとします。保証人が債務者と貴行との取引について，将来ほかに保証をした場合にも同様とします。

（注）
　保証人による一部代位弁済の場合，保証人は銀行から代位によって取得した権利は銀行の同意がない限り行使できないという規定は，一部代位弁済した者の，その代位権の公使は，配当手続で原債権者に劣後することや，担保権の行使は単独でなし得ないことが判例や学説で有力となっているので，権利または順位の無償譲渡の規定も削除した。

第6章 担保・保証と念書の取扱い

【書式128】 説明・同意書

説明・同意書

平成○○年○月○日

株式会社○○銀行　殿
（取扱店　　　　）

保証人　　　　　　　　　　㊞

債務者と貴行との［(注)※］につき

☐債務者
☐根保証の極度額と元本確定期日
☐具体的契約内容
☐実際に保証債務を履行する事態
☐その他

　上記の保証契約につき，担当者から説明を受け，理解し，納得しましたので，この保証契約について同意します。なお本書の写しの交付を受けました。

　私は，上記の項目を説明し，同意が得られたことを認めます。なお，本書の写しを交付しました。

　　　　　　　　　　担当者氏名　　　　　　㊞（自署）

(注)
※には，担当権設定金銭消費貸借契約，手形貸付，証書貸付などと具体的に記入する。

12 保証と念書の取扱い

1 保証人の変動時の念書

　銀行と融資先との間の融資取引は、ほとんどが継続的取引であり、銀行が徴求する保証も、その大部分は包括根保証であった。しかし、（注）1に述べたように包括根保証は廃止され、貸金等根保証契約とされた。

　特定債務の保証であっても，回収まで長期間を要するのが通常であり，その間に保証人や融資先に種々の変動が起きることを避けることはできない。このため，銀行は，保証の管理には常に留意しなければならない。

【書式129】　保証人加入用念書

```
                    念　書

                                    平成〇〇年〇月〇日
株式会社〇〇銀行　殿

                        住　所
                        保証人　〇〇〇〇　　　　　㊞
                        住　所
                        債務者　〇〇〇〇　　　　　㊞

　債務者〇〇〇〇と貴行との間における平成〇〇年〇月〇日付銀行取
引約定書に基づき債務者〇〇〇〇が貴行に現在および将来負担するい
っさいの債務について〇〇〇〇は，新たに限度額〇〇〇万円也まで，
本日より5年以内に限り債務者〇〇〇〇と連帯して保証人となり、債
務履行の責を負います。念のため、本書を差入れます。

                                                以上
```

第6章 担保・保証と念書の取扱い

(注)
1. 平成16年12月1日法律第147号による「民法の一部を改正する法律」が平成17年4月1日から施行された。その法改正の主なポイントは、①保証契約の書面化②包括根保証の廃止（保証人が法人であるものは除かれる）。つまり、個人との貸金等根保証契約は極度額を定めることと、元本確定期日を定めなければならないものとされた。

    その元本確定期日は契約締結の日から5年以内とされている。5年を超えているときは効力を生じない（民法465条の3第2項）。
2. 従来から、他の保証人はいたが、新たに別の保証人を加入させる場合の書式例である。
3. 新保証人から「「保証書」を徴する方法もあるが、保証人交替の合意があったと主張されるおそれがあるので、本書式例のようにしておけば、保証人追加であることが明確になる。

第6章 担保・保証と念書の取扱い

【書式130】 保証人加入および脱退契約証書（証書貸付の場合）

保証人加入および脱退契約証書

平成○○年○月○日

（A）株式会社○○銀行　殿

　　　　　　　　　住　所
　　　　　　　　　　（B）債務者　○○○○　㊞
　　　　　　　　　住　所
　　　　　　　　　　（C）保証人　○○○○　㊞
　　　　　　　　　住　所
　　　　　　　　　　（D）保証人　○○○○　㊞
　　　　　　　　　住　所
　　　　　　　　　　（E）保証人　○○○○　㊞

　債権者株式会社○○銀行（以下Aという），債務者○○○○（以下Bという），保証人○○○○（以下Cという），保証人（以下Dという）は，保証人加入および脱退に関し下記の契約を締結します。

第1条　Eは，AとBとの間に締結した平成○○年○月○日付金銭消費貸借契約証書（以下原契約という）に基づく債務（現在残高金○○○円也）をBと連帯して保証します。

第2条　Eは，BのAに対する預金その他の債権をもって相殺はしません。

第3条　Eは，Aがその都合によって担保もしくは他の保証を変更，解除しても免責を主張しません。

第4条　Eが，この保証債務を履行した場合は，代位によってAから

第6章 担保・保証と念書の取扱い

取得した権利は，BとAとの取引継続中は，Aの同意がなければこれを行使しません。もし，Aの請求があれば，その権利または順位をAに無償で譲渡します。

第5条　①EがAとBとの取引について，ほかに保証をしている場合には，その保証は，この保証契約によって変更されないものとし，また，他の限度額の定めのある保証をしている場合には，その保証限度額にこの保証金が加わるものとします。

　　　②Eが将来，貴行に対しほかに保証をした場合にも前項に準じて差支えありません。

第6条　Dは，原契約に基づくBの債務につき，今後保証の責を免れ，債務関係から脱退します。

第7条　CおよびEは，Dの脱退にかかわらず，Bの債務全額につき従来どおり保証の責に任じます。

第8条　AとBとは，前各条の行為を承諾します。

　上記契約を証するため，この証書2通を作成し，AとDがこれを保有するものとします。

以上

（注）
1．民法504条は，法定代位権者のために担保保存義務を規定しており，また民法437条（民法458条の準用による）は，連帯保証人等への一部免除が，他の連帯保証人等にも影響がおよぶ旨を規定しているので必ず本書式例のように他の保証人や担保提供者の承諾を徴することが必要である。
2．銀行取引約定書の保証条項は，担保条項に依存するだけでは，必ずしも万全ではない。
3．本書式例は，保証人Eが加入し，保証人Dが脱退する，加入と脱退が同時に行われる，いわゆる保証人の交替のときに徴する契約書である。

第6章 担保・保証と念書の取扱い

【書式131】 保証人脱退契約証書

保証人脱退契約証書

平成○○年○月○日

住　所
債権者　株式会社○○銀行○○支店
支店長　○○○○　　　　　　㊞

住　所
債務者　○○○○　　　　　　　㊞

住　所
保証人　○○○○　　　　　　　㊞

　債権者株式会社○○銀行（以下Aという）と債務者○○○○（以下Bという）ならびに保証人○○○○（以下Cという）は，保証人脱退に関し下記の契約を締結します。

第1条　AとBとの間に締結した平成○○年○月○日付金銭消費貸借契約証書に基づくBの債務につき，Cは本日以後保証の責を免れ，債務関係から脱退します。

第2条　A，Bは前条の行為を承諾します。

　上記契約を証するための証書2通を作成し，AとCがこれを保有するものとします。

以上

（注）
1．保証人から脱退の申出があったときは，保証人を脱退させても，融資債権の回収上問題ないか否かを判断する。
2．保証人脱退契約を締結する場合には，他の保証人や担保提供者の同意を徴求することが必要である。

第6章 担保・保証と念書の取扱い

2 保証期限，限度額の変更と念書

【書式132】 保証期限の延長の同意書

同　意　書

平成〇〇年〇月〇日

株式会社〇〇銀行　殿

住　所
債務者　〇〇〇〇　　　㊞

住　所
連帯保証人　〇〇〇〇　　㊞

　私は，平成〇〇年〇月〇日付保証書により、債務者〇〇〇〇が貴行に対し負担するいっさいの債務について極度〇〇〇〇円まで根保証人となっていますが、今般その保証契約の期限が平成〇〇年〇月〇日までとあるのを、平成〇〇年〇月〇日まで延長し、引続き債務者として連帯して保証の責を負うことに同意します。

(注)
1. 貸金等根保証契約の期限を延長する方法である。
2. 新しい「保証書」をもらいなおす方法もあるが，その方法は債務の更改（民法513条以下）ととられられることがあるので，本書式例によるほうが，同一債務の延長となり明確である。

第6章 担保・保証と念書の取扱い

【書式133】 保証極度変更用の同意書

同　意　書

平成〇〇年〇月〇日

株式会社〇〇銀行　殿

　　　　　　　　　　　住　所
　　　　　　　　　　　連帯保証人　〇〇〇〇　　㊞
　　　　　　　　　　　住　所
　　　　　　　　　　　債務者　〇〇〇〇　　㊞

　私は，平成〇〇年〇月〇日付保証書により，債務者〇〇〇〇が，貴行に対し，負担する債務について極度額〇〇〇〇円也までの保証をしていますが，今後は上記極度額を金〇〇〇円也増額し，保証極度額を金〇〇〇円也とすることに同意します。

（注）
　従来3,000万円の極度額で保証書を徴していた。今回5,000万円の保証書を徴した。この場合，旧保証書を返却しなかったときに，保証限度額を2,000万円増額して5,000万円にしたのか，5,000万円を増額して8,000万円にしたのか書面上ではわからない。本書式例は差換えか累積かトラブルの余地はない。

第6章　担保・保証と念書の取扱い

＜会社の保証と念書の取扱い＞

　会社の保証については，その保証行為が定款によって定められた「目的の範囲」内かどうかを定款，取締役会の承認の議事録の謄本などによって確認することが必要である。

　定款に記載されている「目的の範囲」内については「外形からみて定款所定の目的である業務を遂行するのに必要となり得る行為（大判昭13・2・7民集17巻50頁）」と解されている。

　また，「定款に記載された目的自体に包含されない行為であっても目的遂行に必要な行為は，社団の目的の範囲に属するものと解するべきであり，その目的遂行に必要かどうかは，問題となっている行為が，会社の定款記載の目的に現実に必要かどうかの基準によるべきでなく，定款の記載自体から観察して，客観的・抽象的に必要となり得るかどうかの基準に従って決すべきものである（最判昭27・2・15民集6巻2号77頁）」と解されている。

　そこで，実務においては，債務者と保証人の関係について注意してチェックを行う必要がある。

　そのほか，取締役が他社の代表者を兼務している場合に，その他社の負担する債務を会社が保証するとき，取締役の債務を会社が保証するときなどには、株式会社の場合は，会社法356条の利益相反行為に該当するから取締役会の承認決議を確認しなければならない。

第6章 担保・保証と念書の取扱い

3　会社保証用の念書

【書式134】　会社保証用念書

念　書

平成〇〇年〇月〇日

株式会社〇〇銀行　殿

　　　　　　　　　　　　　　住　所
　　　　　　　　　　　　　　社　名
　　　　　　　　　　　　　　代表取締役〇〇〇〇　　　㊞

　貴行と〇〇〇〇株式会社との平成〇〇年〇月〇日付金銭消費貸借契約により同社が借受けた金〇〇〇〇円也については，当社が連帯保証をするについては，当社取締役会において，下記のとおり出席取締役全員（利害関係人を除く）でこれを承認しました。

記

1．取締役会日時
2．場所
3．出席取締役
4．議題

（注）
1．取締役会承認の議事録の謄本の添付を受けること。
2．債務者と保証する会社の取締役の共通の取締役は，利害関係人として決議に参加できない。

第6章 担保・保証と念書の取扱い

4 取引会社と取引がある会社の保証の念書

【書式135】 取引関係がある場合の念書

念　書

平成○○年○月○日

株式会社○○銀行　殿

住　所

社　名

代表取締役○○○○　　㊞

　○○○○株式会社が平成○○年○月○日付金銭消費貸借契約に基づき，貴行から借受け負担する債務金○○○万円也およびこれに付帯するいっさいの債務について，当社が貴行に対し保証したのは，○○株式会社と当社との間に下記のとおり取引関係があるためであり，当該保証が当社の目的の範囲に属するものであることを確認します。

記

　○○株式会社は当社の下請企業として当社の主要製品の部品製造に永年従事している。

以上

(注)
1．取引関係は具体的に記載されていることが望ましい。
2．親会社と下請会社の関係にあるなどの場合には，「目的の範囲」内に入るとみてよい。

第6章 担保・保証と念書の取扱い

5 取引会社と人的・資本関係がある場合の念書

【書式136】 人的・資本関係がある場合の念書

念　書

平成○○年○月○日

株式会社○○銀行　殿

　　　　　　　　　　　　　住　所
　　　　　　　　　　　　　社　名
　　　　　　　　　　　　　代表取締役○○○○　　㊞

　○○株式会社が平成○○年○月○日付金銭消費貸借契約に基づき，貴行から借受負担する債務金○○○万円也およびこれに付帯するいっさいの債務について，当社が貴行に対し保証したのは○○株式会社と当社との間に下記のとおり人的関係および資本関係があるためであり，当該保証が当社の目的の範囲に属するものであることを確認します。

記

1．出向社員の氏名○○○○
　出向前の当社における地位
　債務者○○株式会社における地位
2．債務者○○株式会社
　払込済資本金○○○○円也
　うち当社出資額○○○円也
　資本金中に占める当社の出資の割合○○％

以上

(注)
1．人的・資本関係のある親会社と子会社とか関連会社との間では，保証が会社の「目的の範囲」に入るとみてよい。
2．事実関係をできるだけ具体的に記載してもらうこと。

第6章 担保・保証と念書の取扱い

13 利益相反行為の場合の念書

1 会社の保証書

【書式137】 利益相反行為の場合の保証書

保　証　書

平成○○年○月○日

株式会社○○銀行　殿

　　　　　　　　　　　住　所
　　　　　　　　　　　保証人　社名
　　　　　　　　　　　代表取締役○○○○　　　㊞

　○○株式会社（以下債務者という）が平成○○年○月○日付金銭消費貸借契約に基づき，貴行より借入負担する債務金○○○○円也およびこれに付帯するいっさいの債務につき，当社が債務者と連帯して保証します。

　なお，本保証行為については，当社取締役Aが債務者の代表取締役を兼任していますが，これについては，別添のように当社取締役会において承認しております。

〈添付書類〉
取締役会承認議事録謄本

（注）
1．債務会社と保証する会社に共通する取締役がいる場合の書式例である。
2．保証文言のみではなく，取締役会の承認を受けている旨の記載が必要である。
3．債務会社については，保証されるメリットはあってもデメリットはないから取締役会の承認は不要と解されている。

第6章 担保・保証と念書の取扱い

2 持分会社の貸付金を保証する場合

【書式138】 持分会社保証の場合の念書

念　書

平成〇〇年〇月〇日

株式会社〇〇銀行　殿

住　所

合名会社〇〇〇〇

無限責任社員〇〇〇〇　㊞

無限責任社員〇〇〇〇　㊞

無限責任社員〇〇〇〇　㊞

　〇〇〇〇が平成〇〇年〇月〇日付金銭消費貸借契約に基づき、貴行より借入負担する債務金〇〇〇円也およびこれに付帯するいっさいの債務について、当社が〇〇〇〇と連帯して保証します。

　なお、本保証行為については、〇〇〇〇が当社の無限責任社員でありますが別添のごとく当社社員総会において承認しております。

　念のため、無限責任社員全員署名のうえ本書を差入れます。

〈添付書類〉

社員総会認許議事録謄本

(注)
1．合名会社の無限責任社員が銀行から借入負担している債務を合名会社が保証する書式例である。
2．取締役会の承認にかわるものは社員総会の許諾である。
3．特に定めのない場合には、無限責任社員各自合名会社を代表しているので、無限責任社員全員の連署を徴しておいたほうがベターである。

第7章

債権管理・回収と念書の取扱い

1　融資債権管理と念書の取扱い

1　手形貸付から証書貸付への変更の場合

　実質的に，長期の手形貸付を証書貸付にしたほうが，融資先にとっても，銀行にとっても手形書替手続などを省略できるメリットがある。

　しかし，手形貸付を証書貸付に切り換えると更改とみなされるおそれがある。更改とみなされると，手形債権は消滅するので，この手形債権を担保していた担保権（抵当権など）や保証もまた消滅する。更改というのは，債権者，債務者，債権の目的のいずれかを変更して，新しい債権を成立させると同時に，旧債権を消滅させる契約のことである（民法513条）。手形債務を普通の債務に切り替える契約は，一般に更改とみるべきであるとする判例がある（大判大2・10・20民録19巻833頁）。また，更改に当たるか否かは当事者の意思によって決するとの判例もある（大判第7・10・29民録24巻2079頁）。

　したがって，融資先と銀行との間に「新旧債権は同一である」という意思があれば，更改にはならないので契約にあたっては注意すべきである。

第7章 債権管理・回収と念書の取扱い

【書式139】 念書（手形貸付切換用・準消費貸借・無担保の場合）

念　書

平成〇〇年〇月〇日

株式会社〇〇銀行　殿

　　　　　　　　　　住　　所
　　　　　　　　　　融資先（債務者）　〇〇〇〇㊞

　　　　　　　　　　住　　所
　　　　　　　　　　連帯保証人　〇〇〇〇　　㊞

　債務者および保証人は，債務者が貴行に対し，銀行取引約定書に基づき負担している金〇〇〇〇円也の手形債務を準消費貸借上の債務の目的として金〇〇〇〇円也を借り受けたことを承認しました。

　ついては，当該借入金債務は下記条項に従い，弁済することを確約しました。

記

第1条（元金および利息の支払い等）

　元金の弁済方法および利息の支払い等については次のとおりとします。

1．元金は平成〇〇年〇月〇日を第1回とし，以後金〇〇〇円也以上を毎月〇日までに貴行〇〇支店へ持参して遅滞なく返済し，平成〇〇年〇月〇日までに完済するものとします。

2．利率　年〇〇％の割合（この場合の計算方法は年365日の日割計算とします）ただし，金融情勢の変化その他の理由がある場合には，一般に行われる程度のものに変更できるものとします。

3．利息支払期および方法　毎月〇〇日までに1か月分宛前払いします。

4．返済用預金口座　貴行○○支店
　○○預金　番号○○○○○○○
5．損害金　本債務を履行しなかった場合には，支払うべき金額に対し年○○％の割合の損害金を支払います。この場合の計算方法は年365日の日割計算とします。

第2条（手形の併用）
①債務者は，前条の借入金の弁済を確保するため，貴行が指定する金額および支払期日の約束手形を振り出し，貴行に差入れ，最終弁済期にいたるまで同様の方法により書替継続します。
②債務者は貴行の承諾を得て，前項に定める約束手形の差入れを省略できるものとします。ただし，この場合も後日，貴行の請求があったときには，直ちに前項の定めにより約束手形を差し入れます。

第3条（元利金等の自動支払い）
①第1条において債務者が返済用預金口座を指定した場合には，貴行は元利金等の支払いを各支払期日に当座勘定規定または普通預金規定等にかかわらず，小切手または普通預金払戻請求書によらず，返済用預金口座から払戻しのうえ，毎回の支払いに充当してください。
②前項の返済用預金口座の残高が毎回の支払うべき金額に満たない場合には，一部支払いの取扱いをしなくても異議ありません。
③前項の預金口座における残高が後日支払うべき金額に達した場合には，いつでも貴行は第1項と同様に処理することができます。

第4条（付随費用の預金口座からの引き落し）
　この契約に基づく，貴行の債権を保全するために要する信用保証協会保証料，確定日付料，登記に関する費用，その他のこの契約に関す

るいっさいの費用についても第3条に準じ私の預金口座から引落しのうえ充当してください。

第5条（保証）

①保証人は、債務者がこの契約によって負担するいっさいの債務について、極度金〇〇〇円也、元本確定期日は平成〇〇年〇月〇日として債務者と連帯して保証債務を負い、その履行については債務者が へ別に差し入れた銀行取引約定書の各条項のほかこの約定に従います。

②保証人は，貴行がその都合によって担保もしくは他の保証を変更，解除しても免責を主張せず，債務者の貴行に対する預金その他の債務をもって相殺はしません。

③保証人がこの契約による保証債務を履行した場合，代位によって貴行から取得した権利は，債務者と貴行との取引継続中は貴行の同意がなければこれを行使しません。もし，貴行の請求があれば，その権利または順位を無償で譲渡します。

④保証人が貴行に対し他に保証している場合には，その保証債務はこの保証契約によって変更されないものとします。

以上

（注）
1．手形貸付を証書貸付に切り換える方法には，「準消費貸借」によるものと「債務承認」によるものとがある。本書式例は，「準消費貸借」によるものである。
2．本書式例は，無担保の場合である。
3．確定日付を徴求する。

2 念書(債務承認・抵当権付の場合)

【書式140】 債務承認弁済契約証書(抵当権付の場合)

債務承認弁済契約証書

平成〇〇年〇月〇日

株式会社〇〇銀行　殿

　　　　　　　　　　　　住　所
　　　　　　　　　　　　債務者　株式会社〇〇〇〇
　　　　　　　　　　　　代表取締役　　〇〇〇〇　㊞
　　　　　　　　　　　　住　所
　　　　　　　　　　　　抵当権設定者　〇〇〇〇　㊞
　　　　　　　　　　　　住　所
　　　　　　　　　　　　連帯保証人　　〇〇〇〇　㊞

　債務者株式会社〇〇〇〇ならびに抵当権設定者〇〇〇〇および保証人〇〇〇〇は,債務者が平成〇〇年〇月〇日付金銭消費貸借契約に基づき,貴行に対し次の債務を負担していることを承認し,その弁済については以下の諸条項に従うことを確約しました。

　　金〇〇〇〇円也　ただし平成〇〇年〇月〇日付金銭消費貸借により債
　　　　　　　　　務者が借り受けた金員〇〇〇〇円也の残金

　なお,抵当権設定者は,本契約によって,平成〇〇年〇月〇日付抵当権設定契約書の各条項になんらかの変更を加えるものではなく,したがって,これに基づき〇〇法務局〇〇出張所平成〇〇年〇月〇日受付第〇号順位第〇番の登記済抵当権は,引き続き本債務を担保していることを認めます。

第1条(元金および利息の支払い等)

　元金の弁済方法および利息の支払い等については次のとおりとします。
1　元金は平成〇〇年〇月〇日を第1回とし,以後金〇〇〇〇円也以

上を毎月○○日までに貴行○○支店へ持参して遅滞なく返済し，平成○○年○月○日までに完済するものとします。

2　利　　率　年○○％の割合（この場合の計算方法は年365日の日割計算とします）。ただし，金融情勢の変化その他の理由がある場合には，一般に行われる程度のものに変更できるものとします。

3　利息支払期および方法　毎月○日までに，1か月分宛前払いします。

4　返済用預金口座　貴行○○支店　○○預金　番号○○○○

5　損　害　金　本債務を履行しなかった場合には，支払うべき金額に対し年○○％の割合の損害金を支払います。この場合の計算方法は年365日の日割計算とします。

〈第2条以下は，【書式139】念書（手形貸付切換用・準消費貸借・無担保の場合）の第2条以下と同文とする〉

3　債務引受の場合の契約書

「債務引受」とは，A取引先のB銀行に対する借入債務をCが引受けて，そのあとはCがB銀行の債務者となることをいう。

債務引受には，免責的（めんせきてき）債務引受と重畳的（ちょうじょうてき）債務引受の二つがある。重畳的債務引受は併存的（へいぞんてき）債務引受ともいう。

免責的債務引受は，CがAの債務を引受けることによって，Aが債務関係から脱退し，債務を免れるような形の債務引受のことをいう。

重畳的債務引受は，CがAの債務を引受けてもAが債務から脱退せず，いぜんとして債務者となっている形の債務引受を重畳的債務引受という。

第7章 債権管理・回収と念書の取扱い

【書式141】 免責的債務引受契約証書

免責的債務引受契約証書

平成○○年○月○日

株式会社○○銀行　殿

住　所
債務引受人　○○○○　㊞

住　所
債務者　○○○○　㊞

住　所
抵当権設定者　○○○○　㊞

住　所
連帯保証人　○○○○　㊞

第1条　債務引受人○○○○は，債務者○○○○が平成○○年○月○○日付金銭消費貸借契約に基づき貴行に対して負担する債務の全部を債務者に代わって引受けます。

　　　ただし，現在元金は金○○○○円也です。

第2条　債務者○○○○は，前条記載引受人において債務を負担することにより，今後上記債務関係から離脱するものとします。

第3条　債務引受人は本契約により負担した債務につき今後第1条記載の原契約の各約款に従って履行することを約します。

第4条　債務引受人は本契約により負担した債務を履行しないときは，直ちに強制執行を受けても異議はありません。

第5条　各当事者および抵当権設定者○○○○は，原契約に基づき設

定された後記物件に対する抵当権（平成〇〇年〇月〇日〇〇法務局〇〇出張所受付第〇号登記済）の存続することを認め，本契約の日から1か月以内に本債務引受契約につき上記抵当権登記の付記による変更登記を約し，万一上記期間内にその登記が行われないときは債権者において本契約を解除できることを認めます。

第6条　抵当権設定者は本債務引受契約を承認し，前条の登記をするについて協力することを約します。

第7条　保証人〇〇〇〇は本債務引受契約を承諾し，今後第1条記載の原契約の定めるところに従い新債務者と連帯して保証の責に任ずるものとします。

〔物件の表示（略）〕

以上

第7章 債権管理・回収と念書の取扱い

【書式142】 債務引受の委任状(免責的債務引受による変更登記用)

委 任 状

平成○○年○月○日

住　所

株式会社○○銀行

代表取締役　○○○○　　㊞

　私は○○○○に次の登記申請に関するいっさいの権限を委任します。

　平成○○年○月○日債務引受により，下記物件に対する○○法務局○○出張所平成○○年○月○日受付第○号の抵当権につき債務者を○○○○と変更の付記登記を申請すること。

〔物件の表示(略)〕

以上

(注)
　免責的債務引受契約をした場合は，直ちに債務者の変更登記をこの委任状により行う。

第7章 債権管理・回収と念書の取扱い

【書式143】 同意書（旧債務者用）

同　意　書

平成〇〇年〇月〇日

株式会社〇〇銀行　殿

住　所

（旧）債務者　〇〇〇〇　㊞

　私は，平成〇〇年〇月〇日付金銭消費貸借契約により貴行に対し負担する下記債務について，今般〇〇〇〇が私に代わり債務引受をすることに同意します。

記

債務の表示

　平成〇〇年〇月〇日付金銭消費貸借契約に基づき貴行に対し負担する債務。

　ただし，現在元金は金〇〇〇〇円也。

以上

（注）
1．免責的債務引受契約は，債権者と債務引受人との間では契約できない。
2．利害関係のない第三者弁済（民法474条2項）とか，債務者の交替による更改と同様に考えられるので，旧債務者の意思に反してはできないと解されている（大審院大正10年5月9日判決民録27輯899頁）。
3．免責的債務引受契約証書のなかで旧債務者の同意が得られなかった場合には，債権者である銀行と債務引受人との間で契約をしておき，後日この書式例による同意書を旧債務者から必ず徴求する。

第7章 債権管理・回収と念書の取扱い

【書式144】 重畳的債務引受契約証書（連署形式）

重畳的債務引受契約証書

平成○○年○月○日

住　所
債権者　株式会社○○銀行○○支店
支店長　○○○○　　　　　　　　　㊞

住　所
債務引受人　○○○○　　　　　　　㊞

住　所
連帯保証人　○○○○　　　　　　　㊞

第1条　債務引受人○○○○は，平成○○年○月○日付抵当権設定金銭消費貸借契約証書に基づき債務者○○○○が債権者株式会社○○銀行に対して負担する債務の全部を承認し，債務者と重畳的にこれを引受けます。ただし，現在元金は金○○○○円也。

第2条　債務引受人○○○○は，本契約により引受けた債務につき次条以下に定める各条項に従い弁済をすることを確約します。

第3条　元金は平成○○年○月○日までは毎月末日限り毎月金○○円也を，その後平成○○年○月○日までは毎月末日限り毎月金○○円也をそれぞれ株式会社○○銀行○○支店に持参して支払い，平成○○年○月○日限り完済します。

第4条　利息は元金に対し年○○％の割合と定め，前条の元金支払いのつど1か月分宛前払いします。

第5条　第3条の期日までに債務を履行しないときは以後年○○％の

割合による損害金を支払うものとします。

第6条　債務引受人〇〇〇〇は後記物件のうえに第1条記載の原契約に基づき設定された抵当権（〇〇法務局〇〇出張所平成〇〇年〇月〇日受付第〇号）の存続することを認めます。

第7条　期限の利益喪失事項その他本契約に記載のない事項については，原契約の各約款に従って履行することを約します。

第8条　保証人〇〇〇〇は、本債務引受契約を承認し、今後第1条記載の原契約の定めるところに従い、新債務者と連帯して保証の責に任じます。

上記契約を証するためにこの証書を作り，当事者署名（記名）押印し，債権者がこれを保有する。

〔物件の表示（略）〕

以上

（注）
1．旧債務者の意思に反しても契約できると解されているので法律上は，旧債務者の同意書を徴求する必要はない。
2．旧債務者は，債務関係から脱退しない。保証人が加入したのと同様に考えればよい。

第7章　債権管理・回収と念書の取扱い

【書式145】　委任状（変更登記用）

委　任　状

平成○○年○月○日

住　所

株式会社○○銀行

代表取締役　○○○○　㊞

　私は，○○○○を代理人として次の権限を委任します。

　平成○○年○月○日重畳的債務引受契約により下記物件につき当行が平成○○年○月○日法務局○○出張所受付第○号で設定の登記を受けた抵当権の登記事項に，次の債務者を追加表示する変更登記申請に関するいっさいの件。

記

債務者　住　所

　　　　氏　名　○○○○

〔物件の表示（略）〕

以上

4　代位弁済の場合の念書

　「代位弁済」とは，代位弁済者の債務者に対する求償権を確保するために，法の規定によって弁済により消滅するはずの原債権および担保権を代位弁済者に移転させ，代位弁済者が求償権の範囲内で原債権および担保権を行使することを認める制度である（最判昭59・5・29民集38巻7号885頁）。

代位弁済には、法定代位と任意代位とがある。

法定代位とは、弁済をすることに正当な利益を持っている者が弁済して、債権者に代位することを法定代位という（民法500条）。

正当な利益をもっている者とは、保証人、担保提供者、担保不動産の第三取得者、連帯債務者（重畳的債務引受人も含まれる）、後順位抵当権者などをいい、これらの人からの弁済の申出を銀行は拒否することはできない。

任意代位とは、法定代位権者以外の第三者が弁済した場合に、債権者の承諾があれば、債権者に代位することのできる制度である。

法定代位、任意代位のいずれのケースでも、弁済によって債権者のもっていた権利は、弁済者に移転する。

ただし、任意代位の場合は、債務者の意思に反した弁済でないことを確認しなければならない。債務者の意思に反した弁済は、無効となりトラブルとなるおそれがあるからである（民法474条2項）。

次に、弁済を受けた場合には、債権者から債務者に対して、代位弁済を受けた旨を通知するか、債務者の承諾を得ないと債務者に対抗できないので注意が必要である（民法499条2項、民法467条）。

【書式146】 同意書（任意代位用）

同　意　書

平成〇〇年〇月〇日

株式会社〇〇銀行　殿

住　所
債務者　〇〇〇〇　　　㊞

　私が貴行に対して負担する下記債務全額について〇〇〇〇殿が私に代わり弁済することに同意します。
　なお，弁済と引換えに，上記債務に関する証書その他の関係書類を弁済者に交付し，また担保権を弁済者に移転することについて異議ありません。
　本件について，後日紛争が生じてもすべて私が解決し，貴行に対していっさい迷惑をかけません。
〔債務の表示（略）〕

以上

第7章 債権管理・回収と念書の取扱い

【書式147】 代位弁済受領用通知書

通　知　書

平成〇〇年〇月〇日

住　所
債務者　〇〇〇〇　殿

　　　　　　　　　　住　所
　　　　　　　　　　株式会社〇〇銀行
　　　　　　　　　　代表取締役　〇〇〇〇　㊞

　当行が貴殿に対して有する後記債権は，平成〇〇年〇月〇日（住所）〇〇〇〇殿より全額代位弁済を受けました。
　よって，上記債権に関する証書はすべて弁済者に交付し，また担保権は代位により弁済者に移転しましたのでご通知いたします。
〔債権の表示（略）〕

以上

(注)
　配達証明付内容証明郵便で行う（民法499条2項，民法467条）。

2　同行相殺・呈示免除の念書

　銀行取引においてリスク管理を行うためには念書の徴求が重要である。しかし、念書は制定用紙となっていないことでわかるとおり、その利用目的によって文言をきめ細かく変更する必要がある。以下「同行相殺・呈示免除に関する念書」を解説する。

1　同行相殺の念書

　同行相殺とは、倒産した融資先の手形を、他の融資先の依頼で割引や担保として徴求している場合に、倒産した融資先の預金とその手形債権とを相殺することをいう。

　このような取扱いができるのかについては、銀行取引約定書ひな型1条2項に「……私が振出、裏書、引受、参加引受または保証した手形を、貴行が第三者との取引によって取得したときも、その債務の履行についてこの約定に従います」と規定され、同行相殺ができることになっている。

　また、会社更生法163条でも、会社が支払いの停止や更生手続開始の申立をしたことを知らないで、銀行が手形債権を取得しているときは、相殺が認められるとしている。

　このように、同行相殺は法律上も約定のうえからも可能であるが、割引依頼人や担保差入人が同行相殺により、他の一般債権者よりも有利な回収をした場合に問題が残る。

　たとえば、仮に倒産した融資先が破産手続開始決定を受け、破産債権届をした場合に、一般債権者は元本の10％程度しか回収できないケースが多いのに、同行相殺をすることによって、割引依頼人や担保差入人は元本の100％回収した結果となるからである。

第7章　債権管理・回収と念書の取扱い

　したがって，銀行の債権回収上，特に支障がないのに，あえて同行相殺を行うことは，銀行の債権回収のためではなく，銀行の取引先に債権回収に相殺を用いたという結果になるので，権利の濫用になる場合もある。

　もちろん，割引依頼人が連鎖倒産するなどして，買戻能力がなく，銀行の債権回収に支障が生ずる場合には，銀行は一般債権者からクレームの申出があっても，実情をよく説明し，かりに納得が得られないとしても，権利としての同行相殺を行うべきである。

　次に，割引依頼人に資力があり，一般債権者からのクレームの申出が予想される場合においては，銀行の債権回収上支障がないときは，割引依頼人に買戻しを請求すべきである。

　第三に，一般債権者からのクレームの申出も予想されず，同行相殺をしても，特に問題がないような場合には，次の念書などを徴求して行うとよい。

　この場合も，トラブルが生じないと認められるときに行うのであるから，他の一般債権者の同行，他行の取扱い，銀行の債権回収上の問題点などを総合的に判断すべきである。

第7章 債権管理・回収と念書の取扱い

【書式148】 同行相殺に関する念書

念　書

平成○○年○月○日

東京千代田区丸の内○丁目○番○号
株式会社○○銀行　殿

　　　　　　　　　　　住　所
　　　　　　　　　　　氏　名　　　　　㊞

　当社依頼により貴行にて割引中の下記商業手形は振出人○○株式会社がすでに倒産しているため不渡となる模様ですが，不渡となった場合，当該手形は期日までに当社で買戻さず貴行債権として相殺し，または振出人から回収されるよう依頼します。
　つきましては，次の事項を確約し，念のため本書を差入れます。
1．貴行債権としての相殺または回収については，その責めをいっさい私が負担し，貴行に何ら迷惑をかけないこと。
2．本件相殺，回収について，他から異議の申立などが生ずるなど特別の事情が生じたときは，貴行の都合により請求あり次第，いつでも直ちに買戻し手続に応ずること。
3．不渡手形同額の金銭を定期預金として決済になるまで貴行に差入れること。

記
商業手形の明細
　1．振　出　人　○○株式会社
　2．支 払 期 日　平成○○年○月○日
　3．支 払 場 所　○○銀行○○支店
　4．金　　　額　金　　　　円也

(注)
1．この念書には，収入印紙は不要である。
2．買戻しが確実に履行されるため，定期預金の預入れを求めること。
　　なお，ケースにより次の〈書式例〉による念書でもよい。

第7章 債権管理・回収と念書の取扱い

【書式149】 同行相殺に関する念書（買戻し猶予依頼書）

買戻し猶予依頼書

平成○○年○月○日

東京千代田区丸の内○丁目○番○号
株式会社○○銀行　殿

　　　　　　　　　　　住　所
　　　　　　　　　　　氏　名　　　　　　　㊞

　現在貴行において割引している手形のうち，下記手形については，その手形の主債務者が不渡を出し，そのため別に差入れた銀行取引約定書第6条の規定により，私において，当該手形を直ちに買戻しする義務を負っておりますが，当方の資金繰りの都合上，直ちに買戻しができませんので，一時猶予くだされたく依頼いたします。ただし，本件買戻しについては，貴行から申出あり次第直ちに買戻しいたしますとともに，万一貴行にて主債務者の預金との相殺などにより回収された場合においても，その相殺が無効となったり，他の債権者から，その回収について異議の生じました折は，貴行にて任意その回収を取消し，私に買戻しを請求されても，直ちに異議なく買戻しいたしますので，念のため本書を差入れます。

記
手形の表示

1．金　　額　金　　　　　　円也
　　ただし，○○株式会社振出，私宛約束手形壱通。
2．支払期日　平成○○年○月○日
3．支払場所　○○銀行○○支店

（注）

　　この念書には，収入印紙は不要である。

2　呈示免除の念書

　割引手形や担保手形は，その手形の支払期日から呈示期間内に，支払場所に適法な支払呈示をしておかないと，その手形が不渡になったときに手形上の遡求義務者（中間裏書人など）に対する遡求権が失われる（手形法43条）。

　このことは，割引依頼人や担保手形の差入人に対して，手形債権の善管注意義務違反として損害賠償責任が生じてくることがあるから，たとえ手形の支払人などから依頼があったからといっても，安易にその呈示を免除してはならない。

　しかし，支払呈示することによって，かえってその手形債権の回収に支障を生ずると認められるときは，呈示免除を認めることがやむを得ない場合もある。

　手形交換による支払呈示をすると，不渡処分を受けるので，一度交換呈示し「依頼返却」の手続をとる。

　東京手形交換所規則，同施行細則64条（依頼返却手形の特例）によれば，

1．加盟銀行は，いったん交換に持出した手形については，別途支払済，その他真にやむを得ない理由があるときは，持帰銀行と協議して返却を依頼することができる。

2．持帰銀行は，持出銀行から返却を依頼された手形を返還する場合には，当該手形の返還に先立って持出店に連絡し，申出の事実を確認するものとする。

3．依頼返却手形の返還方法は，不渡手形についての規定に準ずる。この場合において，付箋には支払銀行の押切印を押捺するほか，持出店との連絡にあたった役席者名を記載（または認印の押捺）するとともに持出店の連絡者名を付記するものとする。

と規定されている。したがって，不渡処分を免れるための「依頼返却」は本来の趣旨ではない。

しかし，判例は「手形交換所における手形の呈示後，手形振出人の依頼に基づき同人に取引停止処分を免れさせるため，手形持出銀行がその受入銀行から手形のいわゆる「依頼返却」を受けたとしても，そのためにいったんなされた手形の呈示および支払拒絶の効力は失われない」と判示している（最判昭32・7・19民集11巻7号1297頁）。

この呈示免除の場合でも，手形振出人，割引依頼人または担手差入人などからこの依頼書を徴求する。

第7章　債権管理・回収と念書の取扱い

【書式150】　呈示免除に関する念書

呈示免除依頼書

平成○○年○月○日

東京都千代田区丸の内○丁目○番○号
株式会社○○銀行　殿

　　　　　　　　　　住　所
　　　　　　　　　　手形振出人　　　　　㊞
　　　　　　　　　　住　所
　　　　　　　　　　割引依頼人　　　　　㊞
　　　　　　　　　　住　所
　　　　　　　　　　中間裏書人　　　　　㊞

　今般，都合により，下記手形の支払期日における支払場所への支払呈示を猶予くだされたく，手形関係人連署のうえ，依頼いたします。本手形については，手形の支払呈示がなくとも私どもにおいて連帯して，手形上の債務の履行の責めを負います。

記

　手形の表示
　約束手形
　額　面　金　　　　円也
　振出人　　○○株式会社
　受取人　　○○株式会社
　第2裏書人　○○株式会社
　支払期日　平成○○年○月○日
　支払場所　○○銀行○○支店

以上

(注)
　この念書には収入印紙は不要である。

③ 債権による回収と念書の取扱い

　なんらかの理由で，融資先が本旨に従った弁済ができなくなることがある。そのようなとき，銀行はどのような回収方法があるのか。また，回収に必要な証書等について解説する。

1　債権譲渡と念書

　融資債権を回収する場合に，融資先が本旨に従った弁済ができなくなったときに，融資先の持っている売掛債権などの指名債権を，銀行に譲渡してもらい，銀行は，融資先の債務者（銀行からみて第三者債務者という）から弁済を受ける。また，銀行の持っている融資先に対する債権を第三者に譲渡して債権を回収する方法がある。このような方法をとれば，融資先から弁済を受けられなくなったとしても，銀行は融資債権を全額回収することができる。

　また,動産及び債権の譲渡の対抗要件に関する民法の特例等に関する法律（以下特例法という）が制定され,①法人が金銭債権を譲渡した場合に,債権譲渡について，債権譲渡登記ファイルに譲渡の登記がされたときは，その債権の債務者以外の第三者については，民法467条の規定による確定日付ある証書による通知があったものとみなされ，その登記日付が確定日付とされた（特例法4条1項）。②債権譲渡登記がされた場合に，その債権の譲渡およびその譲渡について債権譲渡登記がなされたことについて，債権の債務者に対して登記事項証明書を交付して通知をすれば債務者についても特例法2条1項と同じ効果を生ずるものとされた（特例法4条2項）。この方法は，銀行の有する金銭債権であれば，単一債権の譲渡にも利用できる。

第7章 債権管理・回収と念書の取扱い

【書式151】 債権譲渡契約証書

債権譲渡契約証書

平成○○年○月○日

住　所
　　譲渡人（甲）　　　　　　　　㊞
住　所
　　譲受人（乙）　　　　　　　　㊞

　債権譲渡人株式会社○○○○（以下甲という）と債権譲受人株式会社○○○○銀行（以下乙という）との間で，下記のとおり契約した。

1. 甲は乙に対し，甲が債務者○○○○に対して有する下記債権金額を後記不動産のうえに設定され，平成○○年○月○日○○地方法務局○○出張所受付第○○○号をもって登記された抵当権とともに代金○○○○円也をもって乙に譲渡し，乙はこれを譲受けた。

記

債権の表示

1. 金○○○○円也
　　ただし，平成○○年○月○日付金銭消費貸借契約による証書貸付金○○○○円也の残元金
2. 金○○○○円也
　　ただし，上記残元金に対する平成○○年○月○日から本契約日まで○日間の年○％の割分による利息合計金○○○○円也
3. 乙は，前記記載の債権の内容，債務者，担保不動産の現況などいっさいを調査了知のうえ本契約をなしたものであるから，今後

第7章 債権管理・回収と念書の取扱い

いかなる事由があっても，本契約を解除し，または甲に対し損害賠償その他の請求をしない。

4．甲は第1項記載の債権に関する証書，抵当権設定契約書および抵当権の移転登記に必要な書類を乙に交付し，乙は遅滞なく抵当権移転登記手続をする。

5．本契約証書の作成および前項の登記に要する費用は，乙の負担とする。

　本契約成立の証として，本契約証書2通を作成し，甲，乙各1通を保有する。

〈不動産の表示（略）〉

　　　　　　　　　　　　　　　　　　　　　　　　　　　　以上

私は，本契約による債権譲渡を異議なく承諾しました。

　　　　　　　　　　　　　　　　　　　　　平成〇〇年〇月〇日

（確定日付）　　　　　住　所
　　　　　　　　　　　債務者（第三債務者）　　㊞

（注）
　第三債務者から「異議なき承諾書」を徴求し，直ちに公証役場で確定日付をとっておくこと。

第7章 債権管理・回収と念書の取扱い

【書式152】 承諾書（債権譲渡用）

承　諾　書

　平成〇〇年〇月〇日付金銭消費貸借契約に基づき，貴行は，私（当社）に対して有する下記の債権を抵当権とともに，本日，東京都〇〇区〇〇町〇丁目〇番〇号株式会社〇〇〇〇殿に債権譲渡されることについて，私（当社）は何ら異議なく承諾します。

記

債権の表示

　平成〇〇年〇月〇日付金銭消費貸借契約証書に基づく貸付金債権現在額金〇〇〇〇円也。

　ただし，元本〇〇〇〇円也。

　損害金〇〇〇〇円也。

　　平成〇〇年〇月〇日

　　　住所　東京都〇〇区〇〇町〇丁目〇番〇号

　　　　　　　　　　　　　　債務者　株式会社〇〇〇〇
　　　　　　　　　　　　　　代表取締役　　　　　　　㊞

株式会社〇〇銀行　殿

（注）
1．銀行が融資債権を第三者に譲渡することについて，融資先が異議なき承諾をする書式例である。
2．この承諾書には確定日付が必要である。

第7章 債権管理・回収と念書の取扱い

【書式153】 債権譲渡承諾依頼書（工事請負代金用）

債権譲渡承諾依頼書

平成○○年○月○日

発注者
　○○○○　殿

　　　　　　　　　　　住　所
　　　　　　　　　　　債権譲渡人（甲）　　　　㊞
　　　　　　　　　　　住　所
　　　　　　　　　　　債権譲受人（乙）
　　　　　　　　　　　株式会社○○銀行○○支店
　　　　　　　　　　　支店長　　　　　　　　　㊞

　甲は，乙に対して負担する下記債務（または現在および将来負担するいっさいの債務）を担保するため，貴殿に対し有する下記請負代金債権を譲渡しましたのでご承諾ください。
　よって，今後お支払いのときは，直接乙へお支払いくだされたく，連署をもってご依頼します。

記

＜譲渡債権の表示＞
1．契約とその日付
　　平成○○年○月○日付○○ビル工事請負契約
2．発注者
　　住　所
　　氏　名

3．請負人
　住　所
　氏　名
4．支払条件
5．未支払請負代金残高
上記債権譲渡を異議なく承諾します。
　平成〇〇年〇月〇日

　（確定日付）　　住　所
　　　　　　　　発注者　　　　　　　㊞

（注）
1．融資先が工事の発注先に対して有する工事請負代金債権を銀行に譲渡する書式例である。
2．発注者（債務者）の異議なき承諾をとり，確定日付を徴求する。

第7章 債権管理・回収と念書の取扱い

2 代理受領の場合

　債権譲渡について，第三債務者の承諾がとれないとか，融資先との取引状況により，債権譲渡の手続をとることは必ずしも得策とはいえないものの，なんらかの債権保全策が必要と認められるようなケースについては，代理受領の手続が求められる。

　代理受領とは，債権者である銀行が融資先である債務者に対する融資債権の担保として，融資先が第三者に対してもっている債権（売掛債権とか工事請負代金債権など）について，直接，その第三者から債権を受取り，融資債権を回収する方法である。

第7章 債権管理・回収と念書の取扱い

【書式154】　代理受領委任状

委　任　状

平成○○年○月○日

株式会社○○○○　御中

　　　　　　　　　　　住　所
　　　　　　　　　　　委任者　　　　　　　　　㊞
　　　　　　　　　　　住　所
　　　　　　　　　　　受任者　株式会社○○銀行○○支店
　　　　　　　　　　　支店長　　　　　　　　　㊞

　委任者は、受任者を代理人と定め、次の事項を委任します。

1．委任者が○○○○に対して有する下記代金債権の請求・受領に関するいっさいの件
2．復代理人選任の件

　なお、本委任状は受任者が委任者に対して有する債権担保のためのものであり、委任者・受任者双方合意のうえでなければ解除・変更もしくは別の者に委任しないこと、および委任者は直接代金を受領しないことを特約しておりますのでご了承願いたく、代金お支払いの際は受任者に直接お支払いくださるようお願い申し上げます。

　また、受任者に代金お支払いの際は、上記受任者の印鑑と受領書の印影を照合のうえお支払いくださるよう併せてお願い申し上げます。

代金債権の表示

〈記載例〉
委任者が貴社に対して有する現在および将来のいっさいの売掛債権

```
　　　上記の件異議なく承諾しました。
　　　平成○○年○月○日
　　　　　　　　　　　　　　　住　　所
　　　　　　　　　　　　　　　債務者　　　　　　㊞
```

3　振込指定の場合の念書

　振込指定は，債権譲渡とか代理受領の手続をとるのに支障があったり，代理受領と同様に，融資先との取引状況により，必ずしも得策とはいえないものの，何らかの債権保全策が必要と認められるようなケースについて，この方法がとられる。

第7章　債権管理・回収と念書の取扱い

【書式155】　振込指定依頼書

振込指定依頼書

平成○○年○月○日

株式会社○○○○　御中

　　　　　　　　　　　　　　　住　　所
　　　　　　　　　　　　　　　受注者　　　　　　　　㊞
　　　　　　　　　　　　　　　住　　所
　　　　　　　　　　　　　　　株式会社○○銀行○○支店
　　　　　　　　　　　　　　　支店長　　　　　　　　㊞

　貴社から当社に支払われる納入代金その他いっさいのお支払いは，平成○○年○月○日以降支払分から，株式会社○○銀行○○支店における当社
　　普通預金
　　口座番号○○○○
　　当座預金
にお振込みくださいますようお願い申し上げます。
　なお，同行と当社との特約により，上記振込金は，当社の同行からの借入金の返済に充当することとなっており，また，この依頼は同行と当社双方の同意のうえでなければ変更しないことを確約しておりますので，上記以外のいかなる方法によってもお支払いなきよう，特にご依頼申し上げます。

　上記の件異議なく承諾いたしました。
　　平成○○年○月○日

　　　　　　　　　　　　　　　住　　所
　　　　　　　　　　　　　　　発注者　　　　　　　　㊞

第7章　債権管理・回収と念書の取扱い

4　任意回収

　任意回収とは，裁判所などの公的機関を通さずに債務者の任意（返済）意思に基づく債権回収のことをいう。その方法の主なポイントは，まず融資先に対する督促から始まり諸通知書の発送，相殺による回収などが主なポイントとなる。督促の方法は「口頭から文書へ」，内容は「ソフトからハードへ」をモットーとして硬軟織りまぜて行うことが重要である。

　諸通知書の発送では，期限の利益を喪失させ，手形割引を行っている場合には，割引依頼人に対して割引手形の買戻請求権を行使する必要がある。第3に支払承諾（債務保証）取引を実行しているときは，事前求償権を行使しておく必要がある。第4に当座貸越契約の解約が必要である。当座貸越契約を解約しないと貸越義務が残るということになるので，実務上は必ず解約して貸越残金の返済期限を到来させておくべきことになる。

　第5は当座預金との相殺であるが，当座勘定取引は預金契約（消費寄託契約）と手形・小切手の支払委託契約（委任契約）の混合契約であると解されている。したがって，当座預金は委任事務（手形・小切手の支払委託事務）処理費用の前渡金であると解される。そこで，この委任契約を解約しないと，相殺できないというわけである。これに対し，解約をしないでも相殺できるとする説もあるが，実務上は解約通知を発送しておく。

　なお，諸通知書の発送は，配達証明付内容証明郵便で行う。記載する字数と行数の制限があるので注意が必要である。
① たて書きの場合は1行20字以内，1枚26行以内で作成すること。
② 横書きの場合は1行13字以内，1枚40行以内で作成することが必要であるが，手書きでも，パソコンを利用してもよい。

第7章 債権管理・回収と念書の取扱い

【書式156】　借主に対する第1回目の督促状

拝啓

　いよいよ御清祥に渉らせられ慶賀申し上げます。

　さて，かねて貴殿にご用立いたしました金員の弁済期日はご承知のとおり去る〇月〇日までとなっておりますが，未だご返済なく，ご多用中誠に恐縮に存じますが，至急ご来店のうえご決済くださるようお願いいたします。

　なお，弁済期日以後は約定により年〇パーセントの割合で延滞損害金が元金に加算されることになっておりますので申し添えご通知申し上げます。

敬具

平成〇〇年〇月〇日

株式会社〇〇〇〇
代表取締役〇〇〇〇　殿

住　所
株式会社〇〇銀行〇〇支店
支店長　〇〇〇〇　㊞

第7章 債権管理・回収と念書の取扱い

【書式157】 借主に対する再度の督促状

　拝啓

　さて，貴社振出約束手形にてご融資いたしました金員ならびに延滞損害金に対し，先日〇月〇日付をもってご返済方依頼申し上げましたが，未だご弁済はもとよりご来店すらなく，当行整理上はなはだしつかえておりますので，是非ともきたる〇月〇日来行のうえご返済方お依頼申し上げます。

　万一，期日を過ぎてもいぜんご返済なきときは，貴社の連帯保証人たる〇〇〇〇殿に対して手形元金〇〇〇〇円也および期日後損害金年〇〇パーセントの割合で請求するとともに，何かとご迷惑をおかけすることになりますから，何卒早速のご返済方重ねてお願いいたします。

敬具

平成〇〇年〇月〇日

株式会社〇〇〇〇
代表取締役〇〇〇〇　殿

　　　　　　　　　　住　所
　　　　　　　　　　株式会社〇〇銀行〇〇支店
　　　　　　　　　　支店長　〇〇〇〇　㊞

第7章　債権管理・回収と念書の取扱い

催　告　書

平成〇〇年〇月〇日ご融資申し上げました手形貸付金〇〇〇〇円也の期日は平成〇〇年〇月〇日で，すでに度々ご催促いたしましたが，今日までお払込みがなく整理上さしつかえております。ついては，本書がお手許に届いた日から十日以内に相違なくお支払い願います。もし，この期間内にお支払いがないときは，担保物件の競売または強制執行の手続を実行いたしますから，あらかじめご承知おきください。以上催告いたします。

約束手形の表示（略）

住　所
受信人　株式会社〇〇〇〇
代表取締役　〇〇〇〇　殿
住　所
発信人
株式会社〇〇銀行〇〇支店
支店長　〇〇〇〇　　　㊞

第7章 債権管理・回収と念書の取扱い

【書式158】 期限の利益喪失通知（手形貸付の場合）

通　知　書

　貴社に対する平成〇〇年〇月〇日期日の下記手形による貸出金は，本日貴社において（不渡手形を出した）ため，平成〇〇年〇月〇日付銀行取引約定書の約旨に基づき全貸出金の期限の利益が失われましたので，直ちに全額ご返済くだされたく，催告いします。

　　　　　　　　約束手形の表示（略）

　　　平成〇〇年〇月〇日
住　所
受信人〇〇〇〇　殿
住　所
発信人
株式会社〇〇銀行〇〇支店
支店長　〇〇〇〇　　　㊞

(注)
2枚以上にわたるときはつづり合わせ，契印のうえ，同文3通を郵便局に提出する。

第7章 債権管理・回収と念書の取扱い

【書式159】 期限前買戻請求通知（割引手形）

通 知 書

　貴社依頼により割引きいたしました下記手形は〇月〇日貴社において（不渡手形を出した）ため，平成〇〇年〇月〇日付銀行取引約定書の約旨に基づき，割引手形全部を直ちに買い戻されたく，ご通知いたします。

　　　　　　　　　約束手形の表示（略）

住　　所
受信人〇〇〇〇　殿
住　　所
発信人
株式会社〇〇銀行〇〇支店
支店長　　〇〇〇〇　　　　㊞

第7章 債権管理・回収と念書の取扱い

【書式160】　事前求償権行使の通知書

催　告　書

　平成○○年○月○日付保証委託書に基づき，貴社の○○生命保険相互会社に対する下記債務につき当行は支払保証をしておりますが，本日貴社において手形交換所による取引停止処分を受けましたので，別に差入れられた支払承諾（債務保証）約定書の約旨に基づき，債務残高について，あらかじめ償還願いたく，催告いたします。

記

〔債務の表示〕（略）

　　　平成○○年○月○日

住　　所

受信人

株式会社○○○○

代表取締役○○○○　　殿

住　　所

発信人

株式会社○○銀行○○支店

支店長　　○○○○　　　㊞

【書式161】 当座貸越契約解約通知書（貸越残高のない場合）

当座貸越契約解約通知書

　貴社（殿）との当座貸越取引は，平成○○年○月○日付当座勘定貸越約定書の約旨により，平成○○年○月限り解約しますからご通知いたします。

　なお，上記解約時までの貸越に対する利息は金○○円也でありますから，上記約定書により直ちにお支払い願います。

　　平成○○年○月○日
住　所
受信人株式会社○○○○
代表取締役○○○○　殿
住　所
発信人
株式会社○○銀行○○支店
支店長　　○○○○　　　㊞

第7章 債権管理・回収と念書の取扱い

【書式162】 当座勘定取引解約通知書

当座勘定取引解約通知書

　貴社との当座勘定取引は，当座勘定規定の約旨に基づき平成〇〇年〇月〇日限り解約させていただきますのでご通知申し上げます。

　ついては，ご使用残りの小切手・手形用紙は至急お返し願います。

　なお，当座勘定の残金金〇〇万円也はその際お支払いいたしますからお届出の印章をご持参くださるようお願い申し上げます。

　　平成〇〇年〇月〇日

住　所
受信人
株式会社〇〇〇〇
代表取締役〇〇〇〇　殿
住　所
発信人
株式会社〇〇銀行〇〇支店
支店長　〇〇〇〇　　㊞

第7章 債権管理・回収と念書の取扱い

【書式163】 相殺通知書

相殺通知書

　貴殿（または貴社）に対する当行の下記債権債務はその対等額にて相殺いたします。

１．債権の表示

　(1)　金○○円也　ただし平成○○年○月○日手形貸付金○○○也の残金

　(2)　金○○円也　ただし平成○○年○月○日割引手形金○○円也の買戻金の残金

　(3)　金○○円也　ただし(1)および(2)の利息

２．債務の表示

　(1)　金○○円也　ただし，当行○○支店第○○号定期預金

　(2)　金○○円也　ただし上記預金の元利金は上記債権(1)および(3)に充当し，残額○○円を(2)の内入に充当します。

　　平成○○年○月○日

住　　所

受信人○○○○　殿

住　　所

発信人

株式会社○○銀行○○支店

支店長　　○○○○　　㊞

第7章 債権管理・回収と念書の取扱い

【書式164】 保証人宛相殺通知書

相殺通知書

　貴殿ご保証にかかわる当行の債務者〇〇〇殿に対する下記債権は，期日に債務者よりご返済なく，貴殿に対しても，再三ご返済方ご依頼いたしましたがご決済がないため，貴殿の当行に対する第〇〇号定期預金金〇〇円也と本日対当額で相殺いたします。

　　　　　　　債権の表示
　金〇〇〇円也　ただし，平成〇〇年〇月〇日手形貸付金〇〇〇円の残金

　　　平成〇〇年〇月〇日
住　所
受信人〇〇〇〇　殿
住　所
発信人
株式会社〇〇銀行〇〇支店
支店長　　〇〇〇〇　　　㊞

（注）
1．保証人の預金と主債務とは相殺できない。
2．保証人の預金と保証債務を相殺することに注意する。

5　私的整理

　企業が倒産し，債権，債務を整理する手続には私的整理と法的整理とがある。この整理手続を総称して一般に特殊整理という。

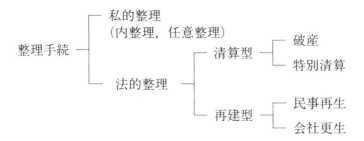

　私的整理は，内整理あるいは任意整理といわれ，裁判所が手続を主宰して行う法的整理とは異なる倒産処理手続のことである。倒産した企業の約90パーセント程度は私的整理で処理されている。

　法的整理の書式などは，裁判所所定の書式によるものが多いが，私的整理は，債権者と債務者との集団的和解契約といわれるので，決められた書式などは存在しない。そのため，ケースによって，種々の書類の提出を求められることもあるので，慎重な対応が必要である。

第7章 債権管理・回収と念書の取扱い

【書式165】　私的整理用委任状

委 任 状

　当社は株式会社○○の債権者委員長甲野太郎を代理人として，下記事項を委任する。
一，株式会社○○の倒産により，債権者のために同社の財産を保全，換価，回収するために必要な協定を同社との間で締結し，その内容に従い職務を遂行するいっさいの件
一，場合により株式会社○○に対し破産手続の申立をなす行為を弁護士に委任する件
一，復代理人選任の件
　なお，以上の委任事項には，当行債権の効力に直接影響をおよぼす行為は含まないものとし，また，いつでも当行において，本件委任を撤回し得るものとします
　　平成○○年○月○日
　　　住　　所
　　　株式会社○○銀行○○支店
　　　　支店長　　　　　　　　　　　　　　　㊞

(注)
1．白紙委任状は出さないこと。
2．私的整理の状況により委任をいつでも撤回できる余地を作っておくことが必要である。

第 8 章

個人情報の取扱い・その他

第8章　個人情報の取扱い・その他

1　個人情報の取扱い

　金融分野を含めた個人情報一般についての保護を定める「個人情報の保護に関する法律」（以下個人情報保護法という）は、平成15年5月に成立し、平成17年4月からの施行である。個人情報保護法は、個人情報の有用性に配慮しつつ、個人の権利利益を保護することを目的としており、金融機関等を含む民間事業者全般を対象に個人情報を取り扱う事業者の遵守すべき義務を定めている。

　個人情報保護法では、個人情報とは「生存する個人に関する情報であって、当該情報に含まれる氏名、生年月日、その他の記述等（文書、図画もしくは電磁的記録に記載され、もしくは記録されまたは音声動作その他の方法を用いて表された一切の事項）により特定の個人を識別することができるもの（他の情報と容易に照合することができ、それにより特定の個人を識別することができるものを含む）」とされている。

　したがって、銀行が取り扱っている情報のうち、個人情報保護法上の「個人情報」に該当するものは、「氏名」「住所」「電話番号」「生年月日」「口座番号」「取引状況」「信用情報」「E-mailアドレス」「資産状況」「家族情報」「生体情報(指紋、静脈、虹彩など)」などがある。

　なお、法人その他団体に関する情報は個人情報ではないが、銀行は守秘義務を負っているので、法人の情報管理にも注意が必要である。

　銀行が個人情報を取得した場合、利用目的があれば、その旨を顧客に明示してあらかじめ同意を得ておかなければならない（個人情報保護法16条1項）。その利用目的は「銀行が必要なときに使わせていただきます」という抽象的な表現では利用目的を特定したことにはならず、「当行また

第8章 個人情報の取扱い・その他

は関連会社、提携会社の金融商品・サービスの販売・勧誘に使わせていだきます」というような形で特定しなければならない。

　この本人の同意は、原則として「書面」によるが、電子的方式・磁気的方式などで作られる記録でもよいとされている。

　銀行が不特定多数の人からアンケートを取った場合、それに応じた人の個人情報を取得することがある。その個人情報は、アンケートという特定の目的だけに利用すべきであって、利用目的の達成に必要な範囲を超えて、その個人情報を取り扱うことはできない。

　アンケートの場合は、銀行があらかじめ利用目的を公表しているので、その利用目的に使用する限りは、別途本人の同意を取ったり、利用目的を本人に通知する必要はない。もちろん、アンケートに協力した人の了解を得て、他の特定の利用目的に使用することは差し支えない。

第8章 個人情報の取扱い・その他

【書式166】 利用目的の特定

> ### 利用目的の特定
>
> お客様のお名前，ご住所，電話番号，E-mailアドレスなどを私どもの金融取引に使用させていただくほか，お客様に様々な金融情報を提供するため，私どもが取り扱う各種商品の情報のご案内をさせていただく場合がございます。あらかじめご了承ください。
>
> 　情報のご案内がご不要になった場合や，お名前，ご住所などの確認・訂正がおありのときは，お手数ですが，窓口までご連絡ください。

(注)
　ダイレクトメールなどの送付は，金融機関が定めた利用目的を参照した顧客にとって，利用の態様として「予見可能な範囲を超える」と解されるおそれがある。

第8章　個人情報の取扱い・その他

【書式167】　アンケートのお願い

アンケートのお願い

お客様各位

株式会社○○銀行
お客様相談室

　日頃は，当行をご利用賜り，厚く御礼申し上げます。

　この度はさらにご預金の預け入れを承りありがとうございました。

　さて，私どもは，お客様を深く理解し，個別のニーズ，ご希望にお応えできるようさらなるサービスの提供を心がけております。そのため，大変お手数ではございますが，以下のアンケートにお答えいただき，今後のサービスの向上に努めてまいりますので，ご協力をお願いする次第であります。

　なお，本アンケートはお客様への各種サービスの向上に具体的に活用させていただくことを目的としております。したがいまして，この情報を本来の目的以外に利用することはいっさいございませんので，ご安心ください。ご回答は各質問の回答欄の番号に○印をおつけください。

　アンケートにご協力いただきましたお客様にはお礼として，粗品ですが図書券を進呈いたしますので，本アンケートの最後の欄にお名前，ご住所をご記入のうえ，○月○日までにご投函ください。

1．当行，関連会社，提携会社の金融商品のご案内

　　□　必要　□　不要

2．お取引の動機

　　□　新聞・TV広告

- 第8章　個人情報の取扱い・その他

　　　☐　訪問
　　　☐　紹介
　　　☐　その他（　　　）
3．今後取引したいもの
　　　☐　収益性は低くても元本割れのないもの
　　　☐　ある程度のリスクはあってもよいが分配金が高く中長期的に持てるもの
　　　☐　ドル建債，ユーロ債などに関心がある。
　　　☐　リスクが大きくても短期的に値上がりが望めるもの
　　　☐　国債についての説明がほしい。
　　　☐　証券投資をしてみたいのでDMがほしい。
　　郵便番号
　　住所
　　氏名

お問い合わせは

　　　　　　○○銀行お客様相談室
　　　　　　　フリーダイヤル　0120-100-100
　　　　　　　携帯電話・PHSからは　0120-200-200
　　　　　　〈お取扱い時間…年中無休〉

第8章　個人情報の取扱い・その他

【書式168】　元本保証のない商品への申込

投資信託総合取引申込書（兼保護預り口座設定申込書）
（兼収益分配金再投資契約申込書）
（兼外国投資信託取引申込書）
株式会社○○銀行　殿（兼口座振替依頼書）

（個人用）

店番	口座所属店名	投資信託口座番号

私は貴行の投資信託総合取引規定、投資信託保護預り規定、各ファンドの収益分配金再投資契約規定、外国証券取引口座約款等に基づき、投資信託の総合取引、保護預り口座の設定、および下記の取引等を申し込みます。

お申込日	年　　月　　日

おところ	〒　　ー　　　　TEL（　　）　ー　　　　FAX（　　）ー		
	フリガナ		
	都道府県		
おなまえ	フリガナ	生年月日　西暦19　年　月　日	お届け印
	様	性別　□男　□女	

お勤め先名称		部署名		ご役職	
お勤め先住所				TEL（　）ー FAX（　）ー	

ご職業　A.会社オーナー　B.会社・団体役　C.会社・団体職員　D.公務員　E.医師　F.弁護士・会計士・大学教授等
　　　　G.自営業　H.主婦　I.無職　J.学生　K.その他（　　　　）

収益分配金再投資契約のお申し込み
投資信託総合取引規定および各ファンドの収益分配金再投資契約規定に基づき、収益分配金再投資契約を申し込みます。

投資のご経験
該当する項目に✓印をつけてください。

	なし(0)	1年未満(1)	3年未満(2)	5年未満(3)	5年以上(4)
①株式	□	□	□	□	□
②外国投信	□	□	□	□	□
③MMF・中国F	□	□	□	□	□
④株式投信	□	□	□	□	□
⑤公社債	□	□	□	□	□
⑥先物・オプション	□	□	□	□	□
⑦外国証券	□	□	□	□	□
⑧公社債投信	□	□	□	□	□
⑨その他	□	□	□	□	□

金融資産および税込みのご年収
該当する項目に✓印をつけてください。

	金融資産	年収
①300万円未満	□	□
②300万円以上	□	□
③500万円以上	□	□
④1000万円以上	□	□
⑤2000万円以上	□	□
⑥3000万円以上	□	□
⑦5000万円以上	□	□
⑧1億円以上	□	□

主たるご資金の性格
該当する項目に✓印をつけてください。
□ 余裕資金
□ 使途確定資金
□ その他（　　　　）

主な投資目的
該当する項目に✓印をつけてください。
□ A. 収益性は低くても元本割れのリスクが小さいことを最優先に考えたい。
□ B. ある程度のリスクはやむを得ないが分配金を重視し中長期的に安定した運用を心がけたい。
□ C. 中長期的に分配金と値上がり益の両方を重視し、相応のリスクは許容できる。
□ D. リスクは大きくても短期的な値上がり益を追求したい。

お取引の動機
該当する項目に✓印をつけてください。
□ 紹介
□ 店頭での説明
□ DM・レター
□ 新聞・TV広告
□ 訪問
□ その他（　　　　）

ご確認欄　　　　　　　　　　　　　　　　　　確認印
私は下記の事項を確認のうえ、本申込書に記載の取引を申し込みます。
1. 投資信託は、預金、金融債ではありません。
2. 投資信託は預金保険の対象ではありません。
3. 投資信託については元本の保証はありません。
4. 投資信託は投資者保護基金の規定による支払の対象ではありません。
5. 投資信託の設定・運用は委託会社が行います。
6. 投資信託の運用による利益および損失は、投資信託をご購入のお客さまに帰属します。

【ご注意】
●預金に関して連絡不要とされているお客さまにつきましても、投資信託に関する書類は郵送させていただきますのでご了承ください。
●お取引内容につきましては、取引や有価証券等の受渡がある場合は3ヵ月ごと、ない場合は1年ごとに定期的にお送りします。
●この情報は本取引にのみ利用させていただきますのでご安心ください。

お問い合わせ	
フリーダイヤル	0120-100-100
携帯電話・PHSからは	0120-200-200
〈受付時間〉〈年中無休〉	

〈参考文献〉
　大平正著「債権回収119のポイント」(銀行研修社)
　大平正著「預金実務に強くなる法律知識」(清文社)
　大平正著「融資実務に強くなる法律知識」(清文社)
　大平正著「融資管理回収の実務」(経済法令研究会)
　大平正著「民事法改正で融資実務はこう変わった」
　　　　　　　　　　　　　　　(ビジネス教育出版社)
　谷啓輔著「金融取引と諸届・念書」(草文社)

●著者紹介
大平　正（おおひら　ただし）

東京都生。1951年早稲田大学第一法学部卒業後、協和銀行（現りそな銀行）入行。調査部、審査第一部にて産業・企業調査および債権管理・回収業務に長年従事し1986年退職。その間全銀協法規専門部会委員。現在(株)大平金融法務研究所代表として講演、執筆活動に活躍中。法学博士、名誉法学博士、名誉経済学博士

＜主な著書・共著＞
『債権回収Q&A』（金融ブックス）、『融資実務に強くなる法律知識』『融資債権管理に強くなる法律知識』『融資債権回収に強くなる法律知識』『銀行取引約定書の読み方』『預金実務に強くなる法律知識』（以上、清文社）、『銀行実務と金融法務のトータルチェックポイント』（近代セールス社）、『渉外マンの貸付法務ABC』『融資渉外に強くなる法律知識』『融資渉外に強くなる貸付事後管理』『銀行取引約定書Q&A』『債権回収119のポイント』『不良債権回収術』『リレバンのためのローンレビュー120のポイント』（以上、銀行研修社）、『融資管理回収の実務』『新銀行実務判例総覧』『法務用語辞典』『金融機関における本人確認Q&A』（以上、経済法令研究会）、『金融実務手続双書（貸出管理・不動産担保・回収）』（金融財政事情研究会）、『金融法務解釈辞典』（ぎょうせい）など著書・論文多数。

新訂　銀行取引「念書」書式集

2005年2月22日　初版第1刷発行
2017年9月5日　新訂版第1刷発行

著　者　大平　正
発行者　白滝一紀
発行所　F3C 金融ブックス 株式会社
　　　　http://www.kinyubooks.co.jp
　　　　〒101-0021　東京都千代田区外神田5-3-11
　　　　カワカミビル4階
　　　　電話　03(5807)8771（代表）
　　　　FAX　03(5807)3555

印刷・製本　モリモト印刷株式会社

Kinyubooks CO.,LTD.Ⓒ2017
ISBN978-4-904192-72-6　C3033